La Vie à la Bastille

SOUVENIRS D'UN PRISONNIER

Published 10 octobre 1908

COLLECTION HISTORIQUE ILLUSTRÉE

Albert SAVINE

La Vie à la Bastille

SOUVENIRS D'UN PRISONNIER

D'après les Documents d'Archives et les Mémoires.

Illustrations documentaires

LOUIS-MICHAUD
ÉDITEUR
168, Boulevard Saint-Germain, 168
PARIS

PRÉFACE

JUSQU'A notre époque, le rôle de la Bastille dans notre histoire a été défiguré par la légende. De nos jours seulement, les travaux de Ravaisson et de M. Funck-Brentano nous ont révélé les archives de cette prison d'État et nous ont dit, par le menu, ce que les geôliers avaient daigné écrire sur les prisonniers et leur vie de captivité, ce qu'il leur convenait de léguer de leurs secrets et de leurs observations à la postérité.

L'opinion des prisonniers sur la Bastille est tout aussi intéressante à connaître. Malheureusement, ici, les documents sont plus rares. Sous l'ancien régime, il était à peu près interdit de parler de la Bastille. Ceux qui ne l'avaient point connue de leur personne, n'avaient rien à en dire. Ceux qui en sortaient n'avaient qu'un désir, n'y plus revenir, et comme, avant leur mise en liberté, ils devaient s'engager par écrit à ne rien révéler de ce qu'ils avaient vu ou entendu, pendant leur séjour dans cette prison d'État, ils n'avaient garde de violer des promesses qui les auraient en quelque sorte replacés, de droit, sous les verrous.

Ceux-là seuls pouvaient parler qui se trouvaient en sûreté hors des frontières du royaume. Parmi ceux-là, Constantin de Renneville doit être placé en première ligne. Doué du don d'observation, avec un penchant à la caricature, il nous a laissé un récit verbeux, empreint de l'irritation naturelle à un prisonnier, mais vivant, animé et, à tout bien considérer, exact, des onze années qu'il avait vécu à la Bastille.

Ce sont les pages les plus piquantes, les mieux venues, les plus originales de ce récit que le lecteur trouvera ci-après.

De 1702 à 1713, Renneville a habité toutes les chambres et la plupart des cachots de la redoutable prison; il a frayé avec tous ses hôtes : détenus politiques et de droit commun, calvinistes, mystiques hétérodoxes, honnestes dames et gentes demoiselles à l'humeur légère, chercheurs de trésors, sorciers et fous.

De brèves annotations, d'après les travaux de l'érudition contemporaine, rectifient ce qu'il peut y avoir d'exagéré ou d'inexact dans les dires de Constantin de Renneville. Une notice biographique renseigne le lecteur sur la vie de l'auteur après et avant son incarcération.

Enfin, l'illustration de ce volume est empruntée au Cabinet des Estampes de la Bibliothèque Nationale, au musée Carnavalet dont une salle est consacrée à la Bastille. On y a ajouté des reproductions d'autographes, d'après les cartons des archives de la Bastille, qui forment une des parties les plus riches et les plus précieuses du fond des manuscrits de la Bibliothèque de l'Arsenal.

Constantin de Renneville

René-*Augustin Constantin de Renneville, que M. du Juncas qualifie dans son journal de se « disant gentilhomme », a beaucoup tenu à établir qu'il appartenait à la noblesse. « Ceux qui voudront se donner la peine de consulter les* Chroniques de Normandie, *dit-il, verront que dès l'an* 1042, *un de mes ancêtres était chevalier »* (1). *Il était né à Caen vers* 1650 *et il semble appartenir à la même famille que ce Robert Constantin, élève de Scaliger, que les guerres de religion contraignirent à errer de Normandie à Montauban et de là en Allemagne. Les martyrologes des Réformés indiquent aussi un Constantin de Normandie, parmi les malheureux qui furent suppliciés à Rouen en* 1542 (2). *Quoi qu'il en soit, Constantin de Renneville, qui appartenait à une race de soldats, fut de bonne heure mousquetaire. Chamillard fut, dès sa plus tendre jeunesse, un de ses protecteurs et c'est par son influence qu'il obtint le poste de directeur des Aides et Domaines à Carentan. Il épousa Marie-Hélène de Chambe, fille de M. de Chambe de Charniac, d'une des maisons les plus considérables de l'Auvergne* (3). *Sur la fin du* XVIIe *siècle, il était passé aux Pays-Bas et il rendit des services comme agent secret aux mi-*

(1) De Renneville. *L'Inquisition française*, IV, p. 7.

(2) Haag. *La France protestante*, IV, 51-52.

(3) La mère de son beau-père était une Matarel.

nistres français. A l'en croire, c'est avec leur autorisation qu'il jouait le double jeu, fournissant des renseignements plus ou moins authentiques au gouvernement des Provinces Unies (1). *Il revint, à cet effet, en France, pensionné par les ministres de Louis XIV, jusqu'au jour où, devenu suspect à M. de Torcy, il fut brusquement arrêté par l'exempt Bourbon et conduit à la Bastille. Il résulte de son dossier qu'il s'occupait alors de solliciter ou de régler des affaires commerciales, notamment avec un certain Bridou, de Dieppe, marchand d'épices et denrées coloniales* (2).

Au moment de son arrestation, il allait publier à La Haye avec dédicace à M. de Chamillard, le Recueil des voyages qui ont servi à l'établissement et au progrès de la Compagnie des Indes Orientales formée dans les Provinces Unies des Pays-Bas.

Pendant son séjour à la Bastille, il éprouva, un peu avant 1709, *une grave maladie. Il charmait sa solitude en écrivant et en composant des vers. Il avait trouvé moyen de faire de l'encre avec de la suie détrempée dans du vin et de tailler des os pour en faire des plumes. Ainsi, il rédigea un* Traité des devoirs du Fidèle Chrétien *et des* Contes *imités de La Fontaine, ce qui prouvait son parfait éclectisme. La plupart de ses vers étaient, cependant, inspirés par sa piété et sa résignation chrétiennes.*

(1) C'est ainsi que d'Argenson résume ses interrogatoires en 1709. Le rapport de d'Argenson contient d'ailleurs des erreurs matérielles et, par exemple, le dit natif d'Angers. Ce rapport a été publié par Ravaisson dans les *Archives de la Bastille*.

(2) Archives de la Bastille, 10530. (Bibliothèque de l'Arsenal.)

Prisonniers qui, dans les misères,
Gémissez dans ce triste lieu,
Offrez-les de bon cœur à Dieu
Et vous les trouverez légères.

Il ne cessait, d'ailleurs, de protester de son innocence :

Dans ce lieu triste et sombre où règne le silence,
Le roi me fait gémir sans l'avoir mérité.
Grand Dieu ! C'est bien plutôt l'effet de ta bonté
Qui veut qu'entre ces murs je fasse pénitence.

Il avait composé un Poème de l'amour et de l'amitié, *dédié au souvenir de sa femme. Il lui fut enlevé et ne lui fut pas rendu. D'autres vers étaient purement confiés à sa mémoire et il a pu les insérer dans son* Inquisition Française.

Fais qu'en ouvrant les yeux je t'ouvre aussi mon âme.
Embrase-la, Seigneur, des feux de ton amour,
Et puisque ta bonté m'accorde encor ce jour,
Empêche que le vice en corrompe la trame,

Que j'aime les vertus qu'un monde aveugle blâme,
Que la crainte et l'espoir m'animent tour à tour,
Que sans cesse occupé des charmes de ta Cour,
Mon cœur élance au Ciel le torrent de sa flamme.

Arrache de mon sein l'orgueil, la vanité !
Que j'aspire à ta gloire avec humilité,
Que ta main me conduise et que ta loi m'éclaire,

Que je bénisse en paix la rigueur de mon sort,
Que chaque acte aujourd'hui me prépare à la mort
Et que mon seul désir soit celui de te plaire.

D'après une note qui figure dans son dossier, Colbert fit saisir, au moment où Chantepie emmena Constantin de Renneville de la Bastille, un volume que lui avait donné le père Florent de Brandebourg. Entre les lignes de l'imprimé, Renneville avait copié tous les vers composés par lui depuis le 16 *mai* 1702 *jusqu'au* 16 *juin* 1713 (1). « *Suivant le sentiment de M. de la Baumelle, ajoute celui qui a rédigé cette note, M. de Voltaire a trouvé les principaux matériaux du* 6° *chant de la Henriade dans cet ouvrage* » (2).

Après sa sortie de la Bastille, grâce à l'intervention de la reine Anne, Constantin de Renneville écrivit l'Inquisition Française, *en même temps qu'il publiait à La Haye un recueil de poésies chrétiennes sous le titre de :* Cantiques de l'Écriture Sainte (3). *Interdit en France, pourchassé par la police, le récit de Renneville obtint un énorme succès à l'étranger. Il fut traduit en anglais, en hollandais, en italien, en allemand et lui valut une pension du roi Georges. L'ouvrage en langue originale est rare, et peu de bibliothèques le possèdent, bien que le premier volume ait été contrefait en France « aux risques de la vie du libraire ». Linguet, écrivant sur la Bastille, l'a qualifié un peu légèrement de « tissu de grossièretés dégoûtantes et de fables absurdes ». M. Funck-Brentano qualifie Constantin de Renneville de menteur, parce que les versions que Renneville donne, d'après les porte-*

(1) « Ce livre, dit la note du dossier, a été remis à M. de Berryer alors lieutenant de police, en 1754, et il est à présumer qu'aujourd'hui il est entre les mains de M. le président de Lamoignon qui a eu toute sa bibliothèque à sa mort, étant son gendre, le seul enfant de ce magistrat et qui hérita de tous ses biens. »

(2) Archives de la Bastille, 10530. (Bibliothèque de l'Arsenal.) Cette note paraît être du major Chevalier.

(3) Des différents ouvrages de Constantin de Renneville, la Bibliothèque Nationale ne possède que l'*Inquisition française* et le *Recueil des Voyages*. Quérard et Brunet ne citent même pas les volumes de vers et Haag n'en donne que la bibliographie la plus stricte.

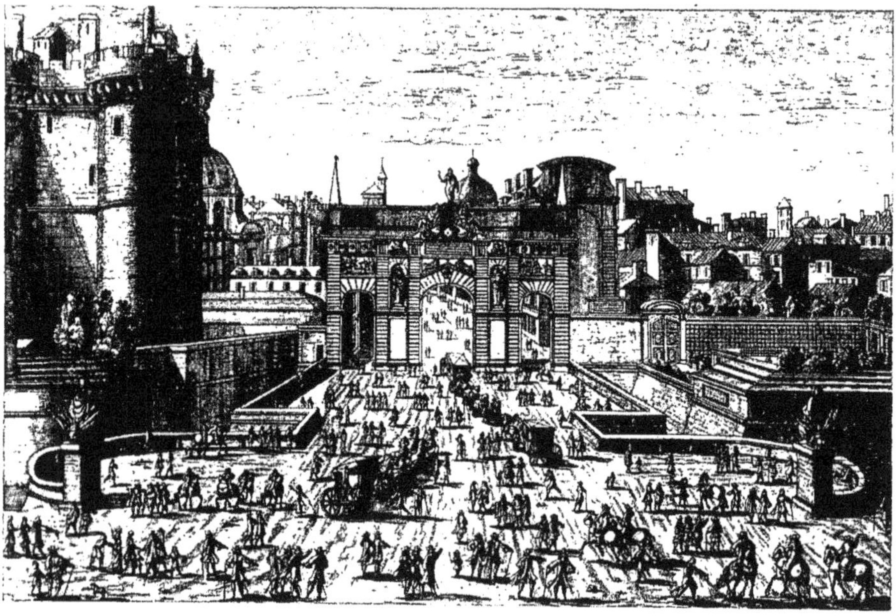

Vue et perspective de la Porte Saint-Antoine, la Bastille et les jardins situés en face.
Dessin d'Aveline. (Bibliothèque Nationale. Estampes.)

clefs et les prisonniers ne sont pas toujours conformes à celles des dossiers (1). *Il convient de remarquer que Renneville indique toujours ses sources et qu'il ne se porte pas garant de ce qu'il rapporte et il faut reconnaître, d'autre part, que sa mémoire était excellente et qu'il l'a utilisée à merveille, car les dates qu'il fournit sont les mêmes que celles que donnent les archives de la Bastille. Les mensonges que lui reproche donc M. Funck-Brentano sont en réalité des différences d'appréciation et on serait bien exigeant de prétendre que Constantin de Renneville vit les choses avec les mêmes yeux que le gouverneur de la Bastille ou d'Argenson.* « *De Renneville, a écrit H. Monin, le dernier préfacier des* Mémoires sur la Bastille *de Linguet, est un témoin et une victime ; il a passé par presque tous les cachots de la Bastille, et il a toujours eu un ou plusieurs compagnons de captivité, libellistes, jansénistes, religieux indignes, déments, fous furieux, fous érotiques, etc. Lui-même nous paraît un mystique sensuel tombé dans une demi-enfance. Cependant les noms et les faits qu'il nous donne subsistent quand même et se trouvent généralement confirmés par les pièces authentiques. Or, la sensation dominante est celle d'un horrible cauchemar* (2). »

Pendant son séjour à la Bastille, Renneville eut à

(1) Ce petit dissentiment avec M. Funck-Brentano ne doit pas nous dispenser de reconnaître que ses *Lettres de Cachet*, son *Catalogue des Archives de la Bastille*, les *Légendes et Archives de la Bastille* et *Le Drame des Poisons* ont complètement renouvelé l'histoire de la vieille prison.

(2) M. de Coynart (*Une Sorcière au* XVIIIe *siècle*, p. 4) juge, au contraire que, malgré la partialité de l'auteur et son désir de dramatiser le récit, on reste stupéfait de voir de quel bien-être jouissaient les prisonniers.

se plaindre surtout d'Antoine Sorel. Les papiers de d'Argenson contiennent contre le curé de Lery un mémoire de la main de Renneville qui n'est évidemment pas la marque d'une belle âme, bien qu'il n'ait pas à proprement parler le caractère d'une dénonciation. Il n'est pas douteux, d'autre part, qu'en février 1703, *il s'était ouvert, soit à du Juncas, soit à Saint-Mars, de son désir d'éclairer les ministres du roi sur certains faits, relatifs probablement aux affaires des Pays-Bas. A ce sujet, de Torcy écrivit à Saint-Mars : « J'ai reçu ce que vous m'avez écrit sur ce que M. Constantin vous a dit. Il y a peu de fondement à faire sur ses paroles et comme je suis persuadé de l'inutilité des découvertes qu'il propose de faire pour le service du roi, il ne convient pas d'entrer en matières avec lui* (1). »

C'est à Londres où il s'est retiré en 1713 *que Renneville écrivit son* Inquisition Française. *Au volume primitif, il en ajouta successivement trois, de* 1715 *à* 1719, *grossissant son histoire de la Bastille, de quantité d'épisodes plus ou moins dramatisés. Il n'avait d'ailleurs pas oublié ses compagnons d'infortune. Dès sa sortie de prison, il était intervenu auprès des États pour que les prisonniers détenus à cause de la guerre fussent remis en liberté. Tous furent délivrés à l'exception de Cardel et de Molain qu'il ne put désigner que par leurs surnoms de la Bastille* (2). *La publication de son livre lui avait valu des haines puissantes. Une nuit, il fut attaqué dans une rue sombre par*

(1) Archives de la Bastille, 12475. (Bibliothèque de l'Arsenal)
(2) *L'Inquisition française*, II. Préface. *ibid.* IV, 277.

trois coupe-jarrets. D'ailleurs, son caractère, aigri par la captivité, le second mariage qu'il avait contracté avec Judith Devaux lui avaient aliéné le cœur de son fils. « C'est, dit-il, un très bon enfant que sa mère, en mon absence, avait élevé dans une piété exemplaire, mais il s'est laissé séduire par les suggestions de harpies qui ne tendent qu'à leurs fins honteuses (1). » *Enfin, on n'avait rien oublié, assure-t-il, pour le faire succomber sous les calomnies les plus atroces. A l'en croire, ceux qu'on appelait en Angleterre les prosélytes ou nouveaux réformés avaient mille difficultés pour obtenir leur part de subsides que le roi d'Angleterre et le Parlement attribuaient aux réfugiés pauvres qui ne pouvaient gagner leur vie* (2). *Son caractère difficile le portait à se quereller avec tous. Aussi finit-il par quitter l'Angleterre, acceptant le grade de major d'artillerie et lieutenant-colonel d'infanterie à la suite, au service de l'électeur de Hesse. Il mourut à Cassel, en* 1723. *Sa veuve, qui lui survécut jusqu'en* 1763, *publia dans cette ville, en* 1725, *les* Œuvres spirituelles *laissées par son mari.* L'Inquisition Française *comportait certainement un cinquième volume que la mort a empêché Renneville d'écrire. Le libraire Étienne Roger, d'Amsterdam, le remplaça par un volume sur* l'Inquisition de Goa *qui était déjà composé lors de la réimpression du deuxième volume de* l'Inquisition Française, *en* 1718.

A. S.

(1) *L'Inquisition française*. II. Préface.

(2) *L'Inquisition française*. II. Préface.

La Vie à la Bastille

SOUVENIRS D'UN PRISONNIER

I

Une incarcération à la Bastille.

J'ÉTAIS venu m'établir en Hollande avec ma famille en l'année 1699, pour y vivre dans la crainte de Dieu et la liberté de son Saint Évangile ; sur la fin de 1701 je prêtai l'oreille aux sollicitations pressantes que me faisait M. de Chamillard (1) de retourner en France. Le projet d'un établissement considérable, l'amour de la patrie, peut-être l'ambition et sans doute l'aveuglement d'une fortune trompeuse, me firent résoudre à laisser ma famille en Hollande. Après avoir loué une maison à La Haye pour mon épouse, je partis d'Amsterdam le vendredi 13 janvier 1702, j'arrivai à Versailles le 29 de ce même mois. Je fus reçu de M. de Chamillard avec des démonstrations d'amitié au delà de tout ce que j'en pouvais attendre. Il me voulut donner de l'emploi dans la Guerre ou dans les Finances, mais lui ayant témoigné la passion que j'avais de m'attacher à lui, il joignit à une pension de mille livres,

(1) Michel de Chamillard (1651-1721), fut nommé contrôleur général des Finances en 1699, en remplacement de Pontchartrain, et ministre de la Guerre en 1701 en remplacement du marquis de Barbezieux, fils de Louvois. Il mourut à l'âge de 70 ans. Parmi les nombreuses épigrammes dont on l'accabla, on a retenu celle-ci qui n'est certainement pas la meilleure, mais qui avait pour la malignité le double avantage d'attaquer Louis XIV et son ministre :

Ci-gît le fameux Chamillard,
De son roi le protonotaire,
Qui fut un héros au billard,
Un zéro dans le ministère.

dont il me fit gratifier par le roi, l'espoir du premier emploi vacant avec mille écus d'appointements. Il ne me refusait aucune des grâces que je lui demandais. Ainsi, je fus le solliciteur des pauvres Irlandais, soit pour les avancer dans de meilleurs postes, soit pour leur faire accorder des gratifications ou payer ce qui leur était dû.

Je rendais fort exactement ma cour à M. le marquis de Torcy (1) qui me faisait un très bon accueil, et je cultivais particulièrement l'amitié de M. de La Chapelle (2), son secrétaire, mon ancien ami. Je planais à la Cour, lorsque la jalousie de misérables *mouches*, dont il n'y a que trop en ce lieu, et l'envie ayant versé leurs plus noirs poisons dans le sein d'un malheureux corrompu, que j'avais autrefois particulièrement obligé, il envoya à M. le marquis de Torcy deux pièces de vers de ma façon (3). Sitôt que ce ministre les eut reçues, il me fit appeler et me les ayant produites, écrites de ma main, avec des ratures, il me demanda d'un air à glacer les plus intrépides, si je pouvais nommer l'au-

(1) Jean-Baptiste Colbert, marquis de Torcy, né à Paris le 14 septembre 1665, mort le 2 septembre 1746, fut de bonne heure attaché à la diplomatie. Nommé secrétaire et trésorier d'Etat, il remplaça son beau-père M. de Pomponne au ministère. Malgré ses nombreux services, il fut contraint, sous la Régence, de se démettre de ses emplois.

(2) La Chapelle était le fils de Jean de La Chapelle, membre de l'Académie française, et le neveu de Boileau.

(3) On avait fait lire à Renneville un madrigal en faveur de la France (Louis XIV) et l'Espagne (Philippe V) liguées contre l'Autriche.

Contre *quinte* et *quatorze* on n'a jamais beau jeu.
On est même en danger de perdre la partie.
Des plus sages conseils toute la force unie
Ne sert de rien ou sert de peu.
Peuples qui vous liguez, qu'avez-vous qui balance
Que votre perte ou votre gain ?
Combattant l'Espagne et la France
Vous trouverez toujours quinte et quatorze en main.

Sur les mêmes rimes, il répondit :

Contre *quinte* et *quatorze* on peut faire beau jeu,
On est même assuré de gagner la partie;
Aux plus sages conseils notre force est unie,
Votre *quatorze* est nul, votre *quinte* est trop peu ;
Le ciel qui voit ce jeu fait pencher la balance
Pour votre perte et notre gain.
Nous ferons un repic, et l'Espagne et la France
Se trouveront capots, *quinte* et *quatorze* en main.

teur de ces vers. La lettre de mon fripon, dont je connaissais fort bien l'écriture, était à côté. Ainsi il n'y eut plus à balancer. Je lui avouai la chose et je lui dis ingénument que je les avais composés, mais que le lieu de liberté où j'étais, quand je les fis, joint à la démangeaison que peut avoir un jeune homme de dire un bon mot, me les avait fait écrire sans croire que cela pût altérer en la moindre manière le zèle que j'avais pour le Roi et l'amour que je conservais pour ma patrie. Après mon aveu, il me dit d'un ton obligeant : « Je suis bien aise d'être convaincu que vous avez de l'esprit, mais je vous prie de mieux l'employer à l'avenir » ; et s'apercevant de la peine où j'étais de voir ces originaux rester entre ses mains, il les jeta dans le feu en ma présence. Je fus si sensiblement touché de ce trait de bonté que, tout transporté, je m'efforçais de lui baiser les mains, mais lui, pour me combler de grâce, m'embrassa tendrement.

Cette action me toucha si sensiblement et me fit si bien rentrer en moi-même que je résolus de m'attacher uniquement à un patron si généreux et d'un si bon cœur. Je redoublai donc mes assiduités auprès de M. de Torcy et je voyais tous les jours fort exactement M. Pequet en qui je découvrais, de plus en plus, un fond de probité qui me charmait. J'étais dans ces heureuses dispositions, lorsqu'une lettre, qui vint de Hollande, me perdit entièrement. Elle était écrite par une personne de distinction que j'aimais et que j'honorais particulièrement. M. de Torcy m'envoya quérir, et, avec une douceur que je n'oublierai jamais et qui m'a soutenu pendant toute ma prison, contre toutes les impulsions de la nature révoltée, il me la donna à lire, me regardant fixement pendant que je la lisais. Après l'avoir lue, il me dit : « Eh bien, Monsieur, que dites-vous de cela ? » Je lui répondis sans m'agiter ni m'alarmer : « Je dis que c'est un homme qui me veut perdre et qui prétend vous faire l'instrument de sa vengeance ; mais vous-même, Monseigneur, qu'en pensez-vous ? Oserai-je vous demander si je serai assez malheureux de vous voir donner dans ce piège ? — Si je vous croyais criminel, reprit-il, vous auriez déjà votre tête à vos pieds. Quoique M. de Chamillard ait répondu de votre innocence au Roi, il s'agit de m'en convaincre si vous voulez que j'en réponde aussi à Sa Majesté. Ne me déguisez rien et répondez-moi juste. » Après quoi, il m'interrogea sur le contenu de cette lettre et je lui répondis avec tant de tranquillité qu'il fut tout à fait persuadé de mon innocence. « Allez, me dit-il, quand j'aurai besoin de vous, je vous demanderai à M. de Chamillard. Je veux faire quelque chose pour vous. » Je ne manquai pas de communiquer cette scène à M. de Chamillard qui dissipa ma crainte, me donna de nouvelles assurances de sa protection et me promit de parler à M. de Torcy en ma faveur, pour dissiper jusqu'au moindre nuage. Je le priai très instamment de m'éloigner de la Cour, mais ce fut en vain, ma mauvaise étoile couvait les influences malignes sous lesquelles je devais être opprimé : il est cependant certain que j'aurais pris le parti de faire retraite sans les exemplaires d'un livre que j'attendais d'Amsterdam, où il s'imprimait chez Étienne Roger, et que j'avais dédié à M. de Chamillard (1). J'écrivis à mon épouse pour l'aviser de ce qui était arrivé et la prier de ne m'écrire que dans la dernière nécessité et surtout de m'adresser mes lettres chez M. de Torcy à qui je remis les miennes tout ouvertes, le suppliant d'ordonner à ses gens de les faire tenir à leurs adresses.

L'assiduité, que j'avais auprès de M. de Chamillard, ne m'empêchait pas de faire exactement ma cour à M. de Torcy, de qui j'étais toujours traité favorablement. Cependant, un dimanche, 14 mai 1702, je le rencontrai qui sortait seul du Conseil. Je me servis de cette occasion pour l'accompagner de chez le roi jusque chez lui; mais il lança sur moi un œil terrible, me demanda fièrement ce que je voulais et me congédia avec une hauteur à faire trembler. Il n'en fallait pas davantage pour me faire rentrer en moi-même et prendre le parti de sortir de Versailles, si j'avais dû éviter mon malheur. Mais je fus dans le moment chez

(1) Il s'agit du *Recueil des voyages qui ont servi à l'établissement et aux progrès de la Compagnie des Indes Orientales formée dans les Provinces Unies des Pays-Bas*, Amsterdam, 1702.

M. de Chamillard. Je le trouvai qui sortait aussi du Conseil, environné d'une foule d'officiers de toutes les espèces, car on était sur le point d'entrer en action de tous les côtés, puisque la guerre fut déclarée, le lendemain, par les Alliés. Il était obsédé de ducs, de cordons bleus, maréchaux de France, lieutenants généraux, maréchaux de camp, brigadiers, colonels, et on aurait bien composé un bataillon des capitaines et autres officiers qui s'efforçaient de l'approcher. J'entrai dans son cabinet où je l'attendis, malgré Ferrant qui me persuadait d'en sortir; car ceux qui ont l'usage de la Cour savent que le cabinet du Ministre est une sorte de sanctuaire, dont l'entrée n'est permise qu'à ceux qui viennent de la part du roi, ou qui sont introduits par ordre exprès du Ministre. Autrement il serait accablé et n'aurait pas la liberté de travailler en paix aux affaires de la dernière importance. M. de Chamillard, me voyant tout effrayé, m'en demanda le sujet, que je lui contai le plus succinctement qu'il me fut possible. Il me dit qu'il ne pouvait pas me garantir de la peur, mais bien du mal que je craignais, qu'il verrait le lendemain M. de Torcy, que l'air dont il m'avait reçu procédait des affaires

Jean-Baptiste Colbert, marquis de Torcy.
Portrait gravé par Weigel.
(Bibliothèque Nationale. Estampes.)

dont il était accablé, et qu'il ne me voulait aucun mal.

Le lendemain, je me rendis à la même heure dans ses appartements et comme M. de Chamillard sortait du Conseil, il m'aperçut au milieu des légions qui l'accablaient. Il me fit signe de la main qu'il voulait me parler, mais Ferrant ne voulut jamais me permettre d'entrer dans le Cabinet, comme j'avais fait le jour précédent. Il fallut attendre à la porte de ce cabinet d'où je fus débusqué par le flot de ces officiers, dont les torrents m'entraînèrent, quelque résistance que je fisse. Il entra. La porte fut fermée. Après que la multitude fut éclipsée, je grattai. Ferrant vint et, quoiqu'il fût mon bon ami, il me dit que quand il s'agirait de ma vie il ne pouvait pas m'introduire, si je ne venais pas de la part du roi. Il me conseilla d'attendre son maître dans une galerie où il devait passer pour aller dîner. Mon malheur voulut qu'il montât par un petit escalier dérobé. La délicatesse que j'eus de ne me pas présenter à sa table, pour ne pas passer pour un piqueur, fit que je remis à lui parler lorsqu'il en sortirait, mais il descendit dans son cabinet, par le même escalier qu'il était monté. Sortant de chez lui, je rencontrai le baron de Cornberg (1), brave colonel de hussards, qui, s'étant brouillé avec M. de Barbezieux (2), avait non seulement perdu le fruit de ses travaux, mais, bien plus, avait été mis à la Bastille par ce ministre, qui l'y avait retenu pendant plus de trois ans. Il m'entraîna, malgré ma résistance, à dîner avec lui, et pendant le repas, il ne me parla que de la Bastille et de la manière dont il avait été traité par feu M. de Bésemeaux, qui pour lors en était gouverneur (3). Nous ne nous dou-

(1) Le baron de Cornberg, colonel de hussards, né en Westphalie, fut mis à la Bastille, le 17 janvier 1694, comme suspect d'intelligence avec l'étranger et exilé le 17 décembre 1697.

(2) Louis-François-Marie Letellier, marquis de Barbezieux, troisième fils de Louvois, né à Paris en 1668. Il devint ministre de la Guerre à la mort de son père disgracié. Il mourut le 5 janvier 1701.

(3) François de Montlesun, sieur de Bésemeaux, simple capitaine des gardes de Mazarin, devint gouverneur de la Bastille en 1658. Il mourut le 16 décembre 1697 et fut inhumé au couvent des Carmes déchaussés de la rue de Vaugirard, dans le caveau de la chapelle de Sainte-Thérèse, du côté de l'Epître. (Archives de la Bastille, 12609.)

tions pas tous les deux que je devais entrer le lendemain matin à huit heures dans cette caverne de Polyphème dont il me faisait la description.

Je travaillai toute l'après-midi et sur les huit heures du soir, fus prendre l'air sur la terrasse, où je trouvai M. du Boullay, capitaine dans le régiment Dauphin, qui voulut m'emmener souper avec lui, ce que je refusai. Comme je me retirais chez moi, je vis descendre le roi de son carrosse, et j'aperçus qu'il se mettait en posture comme s'il eût voulu faire des armes, en parlant à des seigneurs qui l'attendaient sur les marches de la petite cour, à l'entrée du grand escalier. Je m'approchai pour voir ce que c'était, et j'appris qu'à son retour de Trianon, il avait trouvé deux officiers dans le bois, qui se battaient à l'épée ; que le roi les avait fait séparer, désarmer et conduire en prison ; mais qu'ils étaient si pleins de vin qu'on n'avait pu savoir le sujet de leur querelle, ni en tirer aucune raison. J'étais presque sorti de la cour, lorsque M. de Maupertuis, cousin de M. de Chamillard, courut après moi et me demanda si je voulais lui donner à souper ou qu'il m'en donnât. Je pris le parti de lui en donner avec plaisir. Il me dit qu'il partait le lendemain pour Bruxelles, où il allait entrer dans une affaire que lui procurait M. de Chamillard, et qu'il voulait que je fusse de la partie. Après le repas, il me fit voir le plan et quoique l'affaire me parût très bonne, je le remerciai de sa bonne volonté ; mais il persista à vouloir m'y engager et dit que le lendemain, dès quatre heures du matin, il serait à ma porte pour m'emmener déjeuner avec lui. Je lui fis voir l'essai de l'Épître dédicatoire de mon *Recueil des voyages qui ont servi à l'établissement et au progrès de la Compagnie des Indes Orientales formée dans les Provinces Unies des Pays-Bas*, avec la vignette au-dessus de l'épître où j'avais fait graver les armes de M. de Chamillard.

Après l'avoir lue : « Je la mets, dit-il, dans ma poche, pour vous marquer l'estime que j'en fais, et je retiens un exemplaire de vos sept tomes. » Minuit sonna. Je fis allumer un flambeau pour le reconduire chez lui, mais il ne voulut jamais permettre que je l'accompagnasse et me renvoya coucher.

Jamais je n'avais dormi si tranquillement ni si profondément que je fis cette nuit : c'était le dernier adieu que je disais aux plaisirs. Lorsque sur les quatre heures du matin, j'entendis frapper à la porte de ma chambre, je crus que c'était mon ami qui venait s'acquitter de sa promesse. Je me levai promptement en robe de chambre pour lui ouvrir. Mais quelle fut ma surprise, quand, au lieu de M. de Maupertuis, je vis un exempt de M. le Prévôt de l'hôtel avec trois hoquetons, dont le premier me présenta le bout de sa fatale baguette et les autres le bout de leur carabine contre le ventre. L'exempt me dit : « Monsieur, je vous arrête de par le roi, ne branlez pas. » A quoi je répondis : « Sans doute, vous vous méprenez, monsieur, je m'appelle M. Constantin de Renneville. — C'est à vous-même que j'en veux, reprit-il. — J'obéis, lui dis-je sans faire paraître la moindre émotion, ni changement de visage, faites votre devoir. » Après, je lui demandai si j'avais la permission de m'habiller. « Oui, monsieur, me dit-il, mais faites promptement, et me donnez vos armes et vos papiers. » Je lui fus quérir moi-même mes armes qui consistaient en une paire de pistolets et deux épées. L'exempt fit monter M. L'Affilé, mon hôte, et, en ma présence, lui remit mes armes et ma canne, qui n'avaient pu entrer dans mes coffres, dans lesquels il fit mettre toutes mes hardes; et après m'avoir fait fermer à clef mes deux coffres et ma valise, il remit le tout à M. l'Affilé devant moi, en me disant que quoiqu'il fût en droit de garder les armes, il n'avait jamais profité des débris des infortunés, et me fit tous les compliments dont ces messieurs ne sont pas avares en de telles occasions. Pour mes papiers, nous les renfermâmes dans deux de mes serviettes, qu'il ferma de mon cachet et du sien après les avoir bien cousues. Je lui demandai si lui et ses gens avaient déjeuné et, m'ayant dit que non, je fis apporter du pain et du vin, dont nous bûmes chacun deux coups, pendant que mon hôte, sa femme et sa servante fondaient en larmes. L'exempt me dit de prendre quelques livres dont j'avais un bon nombre pour me désennuyer et fit porter ma robe de chambre, mon manteau et mon bonnet de nuit par un de ses hocquetons, ce qui me fit lui demander si je coucherais à la prison où il m'allait mener, et s'il ne me serait pas permis d'en sortir sous caution. A quoi il ne me répondit rien et se mit à sourire quand il vit que j'ordonnais à mon hôte de m'y apporter à manger. Nous descendîmes dans la cour où je trouvai un carrosse à quatre chevaux et deux chevaux de selle. Ce fut pour lors que je lui demandai où il voulait me conduire; et m'ayant répondu que c'était à la Bastille, je me récriai contre cette injustice et contre M. de Chamillard qui l'autorisait ou qui, du moins, la souffrait. J'eus encore assez de présence d'esprit pour lui demander deux grâces : l'une de me laisser écrire à M. de Torcy, à M. de Chamillard et à mon épouse, l'autre de me laisser emporter mes hardes. « Pour vos hardes, me dit-il, vous n'en aurez pas besoin, car je sais que vous ne demeurerez pas longtemps où je vous mène et pour vos lettres, vous les écrirez à la Bastille

L'arrestation de Constantin de Renneville par l'exempt Bourbon.
(*L'Inquisition française.*)

et je vous engage ma parole que j'en donnerai deux en main propre aux ministres, et que je porterai l'autre moi-même à la poste. »

Nous montâmes en carrosse. Nous nous mîmes, l'exempt et moi, dans le fond, et deux des hocquetons sur le devant et il dit tout haut au troisième de ramener les chevaux à l'écurie, et que la tranquillité, que j'avais fait paraître, et mon peu d'émotion lui étaient un sûr garant que je ne ferais aucune violence. Sur quoi, je lui protestai que je me croyais si peu coupable, que si le roi m'eût ordonné de me constituer moi-même prisonnier, j'aurais exécuté ses ordres sans le ministère d'aucun de ses officiers. Je le priai de me dire lequel des ministres me faisait arrêter. A quoi il ne répondit pas. Je lui demandai son nom. Il me dit qu'il s'appelait de Bourbon et il se trouva que nous avions servi ensemble dans les mousquetaires, son fils et moi. Il me dit que ce fils était capitaine de cavalerie, que pour lui, quoiqu'il fût exempt, il n'en faisait plus les fonctions, étant auprès de Mme la duchesse du Lude qui l'avait pris pour son écuyer et que c'était bien contre son inclination qu'il avait été forcé de prendre l'ordre de m'arrêter, lorsque le jour précédent, il s'était trouvé dans les appartements. Ce qui me fit connaître que cet ordre avait été signé au Conseil le lundi et que le signal que m'avait fait M. de Chamillard, en sortant du Conseil, était pour m'en donner avis. Je l'entretenais avec la même liberté que s'il m'eût conduit à quelque partie de plaisir et ayant aperçu sur les cottes d'armes des hoquetons une masse toute hérissée de pointes avec cette devise : *monstrorum terror*, je lui dis en riant, lui montrant ses gens : « Voilà donc la terreur et voici le monstre, » en me montrant après. Sur quoi, je pris l'occasion de lui dire que j'étais le cadet et le seul qui restait de douze frères qui tous avions répandu notre sang au service du roi; sept desquels avaient été tués dans le même service, que mon père était pareillement le plus jeune de douze frères qui tous avaient aussi servi; et que son père, mon aïeul, était pareillement le dernier de douze frères qui tous avaient porté les armes aussi et avaient versé leur sang pour les querelles de leurs rois; que de pareils sujets ne pouvaient pas passer pour des monstres, que dans le moment encore j'avais quantité de neveux, de cousins et d'autres proches parents qui servaient le roi dans les armées.

Nous arrivâmes à Paris. Il voulut savoir quelle heure il était. Je tirai ma montre pour la confronter au cadran de la Samaritaine. Il était huit heures juste. Enfin, nous arrivâmes au lieu redoutable. En entrant, sitôt que les sentinelles nous aperçurent, ils mirent leur chapeau devant leurs visages. J'ai appris depuis qu'ils faisaient cette étrange cérémonie parce qu'il leur est défendu de regarder un prisonnier en face.

Étant arrivés à la petite cour de l'appartement du gouverneur, où nous mîmes pied à terre, nous fûmes reçus au pied de l'escalier par un homme de bonne mine qui, comme je l'ai appris par la suite, était le lieutenant du roi nommé M. du Juncas (1) et un autre, de très mauvaise apparence, qui s'appelait de Corbé (2). Ils nous conduisirent, l'exempt et moi, dans l'appartement de M. de Saint-Mars (3). Les deux hoquetons avaient commencé à monter dans l'escalier pour nous y suivre, mais M. du Juncas, se tournant vers eux, les fit descendre, en leur disant avec assez de fierté : « Quand vous nous avez remis Monsieur entre les mains, nous sommes assez capables d'en répondre, demeurez au bas de l'escalier. » Nous entrâmes dans une chambre, tendue de damas jaune avec crépine d'argent, qui me parut assez propre, aussi bien que le gouverneur qui était devant le feu. C'était un petit vieillard, de très

(1) Étienne du Juncas, officier de fortune, d'origine bordelaise, se qualifiait lieutenant du roi à la Bastille. Exempt aux gardes du corps de M. de Duras, il fut choisi pour suppléer à la Bastille M. de Bésemeaux qui était très âgé. Il y entra le 11 octobre 1690. Il mourut le 6 août 1706. Son *Journal* s'arrête au 26 août 1705. Pontchartrain lui reprochait et lui faisait reprocher par La Reynie de trop bavarder avec les prisonniers. « Le roi n'approuve pas sur cela sa conduite. »

(2) Guillaume de Formanoir, sieur de Corbé (1660-1740).

(3) Benigne d'Auvergne, sieur de Saint-Mars, était gouverneur de la Bastille depuis 1698.

maigre apparence, branlant de la tête, des mains et de tout son corps, qui nous reçut fort civilement. Il me présenta sa main tremblante qu'il mit dans la mienne. L'exempt lui donna ma lettre de cachet et l'ayant tiré en un coin de la chambre pour lui parler bas à l'oreille, comme le gouverneur était si sourd qu'il ne pouvait l'entendre, il lui fit répéter ce qu'il disait plus haut et j'entendis fort distinctement ces paroles : « M. de Chamillard m'a ordonné de vous recommander particulièrement ce Monsieur et vous enjoint de le traiter plus favorablement que les autres prisonniers. » Ce qui l'obligea à me venir faire beaucoup de caresses. Ensuite, il signa le double de ma lettre de cachet au bas de laquelle il mit sa reconnaissance comme l'exempt m'avait remis entre ses mains ; et m'étant un peu avancé, je vis que la lettre était signée Colbert, ce qui me fit récrier : « Quoi donc, c'est M. de Torcy qui me fait arrêter ! — Lui-même, répondit l'exempt et c'est chez lui que j'ai porté vos papiers. » Je le priai de tenir sa promesse et de se charger des trois lettres dont j'avais parlé le matin. Il demanda du papier au gouverneur pour les écrire, qui lui répondit que sitôt qu'un prisonnier était entre ses mains, il ne pouvait lui permettre d'écrire sans un ordre particulier de la Cour. L'exempt, pour me consoler de cette disgrâce, me promit, sitôt qu'il serait à Versailles, d'aller trouver MM. de Torcy et de Chamillard pour leur en demander la permission. Le gouverneur nous offrit à tous le déjeuner; mais l'exempt l'en remercia et dit que j'y avais pourvu et que je leur avais fait boire d'excellent vin de Bourgogne. Il prit congé du gouverneur et de sa compagnie, avec lesquels il me laissa.

Le gouverneur ordonna à Corbé d'aller me faire préparer la seconde chambre de la Chapelle. Sur quoi ce petit homme répondit avec étonnement : « La seconde chambre de la Chapelle ? — Oui, la seconde de la Chapelle. Exécutez mes ordres, et ne me répliquez pas. » Corbé descendit au plus vite et, étant resté seul avec M. du Juncas et M. de Saint-Mars, ce dernier me demanda si j'étais depuis longtemps à la Cour. Sur ce que je lui dis que j'y étais arrivé de Hollande depuis quatre mois, il se mit sur ses prouesses, dont il me vanta l'énormité. Il me dit qu'il était sorti de Hollande le lendemain de la naissance du roi Guillaume, parce que le jour précédent, comme tout le monde était dans la réjouissance, il avait pris querelle avec sept Hollandais dont il avait tué quatre et désarmé les trois autres. Je regardais ce Paladin qui s'érigeait en Hercule et qui ne m'en paraissait être tout au plus que l'excrément. De là, il s'était embarqué pour Lisbonne où il avait remporté le prix dans un fameux tournoi. Ensuite, il avait passé à la Cour de Madrid où il s'était fait admirer dans une course de taureaux dont il avait pareillement remporté le prix, avec l'admiration de toutes les dames qui l'avaient pensé noyer sous un déluge d'œufs parfumés pleins d'eaux de senteur et il ne passait pas quatre mots sans iurer pour affirmer ses rodomontades

Michel de Chamillard,
fils du ministre de la guerre.
Portrait gravé par L. Duflos (1704).
(Bibliothèque Nationale. Estampes.)

qui ne répondaient guère à son volume. Apparemment qu'il m'allait conduire dans les Indes pour y enlever quelque infante, lorsque Corbé vint avertir que je n'avais qu'à descendre, que tout était prêt. Mon nouvel hôte me fit bien des protestations qu'il aurait pour moi tous les égards possibles, que je serais bien traité et qu'il me visiterait souvent.

Nous descendîmes dans la cour du Gouverneur où je trouvai encore l'exempt que je priai de voir M. de Chamillard de ma part et de le conjurer de ne pas me laisser languir longtemps dans ce lieu de désolation, ce qu'il me promit. Corbé, accompagné de trois hommes de si mauvaise mine, que je les pris pour des bourreaux, me fit traverser un corps de garde, où il y avait plusieurs soldats sous les armes, qui se mirent aussi leurs chapeaux sur le visage, d'où nous passâmes dans une grande cour au bout de laquelle, à main droite, nous entrâmes par une porte carrée peinte en vert, où l'on monte par trois marches, dans un grand escalier, fermé par deux portes.

Après avoir monté vingt-cinq ou trente marches de cet escalier, nous entrâmes, par deux portes couvertes de lames de fer, qui firent encore plus de bruit que n'avaient fait les trois premières, dans un grand lieu qui me parut être un sépulcre long de soixante pieds, large environ de quinze et haut de treize à quatorze. Je me mis à me récrier : Quel crime avais-je donc commis pour me mettre dans un lieu aussi affreux et sans meubles? Sur quoi, un de mes assistants, homme encore plus épouvantable que le lieu, — c'était cependant le capitaine des portes (1) — me dit pour me consoler que c'était la plus belle chambre de la Bastille et que l'on n'y mettait que des princes. Mais quel fut mon étonnement, lorsque ce petit homme qui paraissait le commander, me dit d'une voix mal affermie qu'il fallait lui donner tout ce que j'avais sur moi; et sur ce que je lui

(1) C'était alors Lécuyer, engagé comme simple soldat en 1670. (Iung. *La vérité sur le Masque de Fer*, 176). François lui succéda et après François, Michel.

dis fièrement que je n'en ferais rien, que j'étais dans une prison royale où les officiers devraient avoir horreur des actions qui feraient rougir les guichetiers les plus féroces, il me protesta que c'était non seulement la coutume, mais l'ordre du roi et de ses ministres (1). Sa figure ne pouvait pas me faire deviner que c'était le neveu du gouverneur à qui je parlais. Il avait un petit habit gris de ras de Nîmes, si pelé qu'il faisait peur aux voleurs en leur montrant la corde, une méchante culotte bleue toute usée, rapiécée par les genoux, et d'une étoffe telle qu'on en donne aux soldats ; un chapeau jadis noir, ombragé d'un vieux plumet noir tout usé, qui paraissait avoir essuyé la fatigue de quatre arrière-bans, qu'il tenait de mauvaise grâce sous son bras, et une perruque qui rougissait d'être si antique. Sa mine basse, bien encore au-dessous de son équipage, l'aurait plutôt fait prendre pour un pousse-cul que pour un officier. Les trois estafiers, encore plus mal bâtis et plus hideux, étaient chapeau bas auprès de lui, sans branler; quand le plus âgé qui paraissait être son père et avoir au moins soixante-et-quinze ans, prit la parole et me dit : « Monsieur, vous pouvez en toute sûreté remettre ce que vous avez en vos poches, entre les mains de M. notre lieutenant, il ne vous sera pas fait tort d'une épingle, et l'on vous rendra fort ponctuellement le tout, après que M. le Gouverneur et M. le Commissaire l'auront examiné. Il n'entre pas un prisonnier, quand ce serait un prince, que ce ne soit la même chose. Faites-le vous-même, sans contraindre Monsieur à faire monter des soldats qui vous y forceraient avec une violence indigne de vous. Monsieur va vous donner un mémoire de tout votre argent et de toutes vos hardes (2), avec une soumission de vous les

(1) L'abbé Roquette raconte également dans ses *Mémoires* qu'il fut invité à vider ses poches dans la chambre du Conseil.

(2) « A l'arrivée d'un prisonnier, raconte du Juncas, il faut prendre le soin de lui faire donner et apporter tout ce qui lui est nécessaire pour la garniture de sa chambre en payant bien chèrement au tapissier du gouverneur ou bien à la maîtresse d'hôtel. » (*Notes de du Juncas.*)

remettre. » Le discours de cet homme m'apaisa. Le lieutenant en question tira vite de sa poche du papier et une écritoire, et moi, je lui vidai dans son petit chapeau tout ce que j'avais dans les miennes, que ce vieux capitaine des portes fouilla ensuite très exactement et, apercevant une bague au petit doigt de ma main gauche, il me dit de la leur donner. Je me doutai bien que c'était pour la parapher *ne varietur*. Mon aigrefin fit un mémoire de mes nippes et de mon argent et mit sa soumission au pied qu'il me laissa, me fit signer le double, qu'il emporta avec ma dépouille, et les autres fermèrent les portes sur moi avec un bruit effroyable, me laissant seul dans ce lieu de plaisance.

Après avoir fait plusieurs tours à grand pas dans cette vaste caverne, je me mis à en faire l'inventaire. Il y avait pour tout meuble un petit lit composé d'une méchante paillasse, d'un petit lit de plume, d'un matelas de bourre, d'une méchante couverture, d'un petit bois de lit, tout mangé des vers, avec un tour de brocatelle ou porte-Paris, qui était la moins mauvaise pièce du grabat, avec trois grands fauteuils de commodité, garnis de bougran et bien rembourrés. Les murailles toutes noires et enfumées de cet appartement étaient tapissées des noms de mes malheureux prédécesseurs. Sur l'endroit le plus apparent, à côté de la cheminée, il y avait en gros caractères : « La veuve Lally et O'Driscol sa fille, Irlandaises, ont été menées dans cet enfer le 27 septembre 1701 (1) », et au-dessous, Maillefer, prieur du Val-Secret, né à Reims (2) » ; et plus bas, « Henri de Montmorency, duc de Luxembourg, a été amené ici (3)... le reste était effacé. En effet, j'appris que ce maréchal de France, après avoir fait tant d'éclat dans le

(1) Cornélius O'Driscol, sa femme et sa belle-mère, la veuve Lally, furent incarcérés à la Bastille en septembre 1701 à la suite d'un complot de piraterie.

(2) Le Père François Maillefer, de l'Ordre des Prémontrés, accusé de sodomie et de lèse-majesté par le Père Gilliard, entra à la Bastille le 20 janvier 1700. Les accusations de Gilliard ayant été reconnues calomnieuses, il fut incarcéré à son tour.

(3) Henri-François de Montmorency, duc de Luxembourg, maréchal de France (1628-1695), compromis dans l'affaire des Poisons et accusé

monde, avait été longtemps enfermé dans cette chambre, aussi bien que le maréchal de Biron (1) et le maréchal de Bassompierre (2). L'on me dit encore que c'était dans le même lieu que M. de Sacy avait fait la plus grande partie de son admirable traduction de l'Écriture Sainte (3).

La fouille des prisonniers.
(L'homme en perruque est Corbé; le prisonnier qui vide ses poches est Renneville.)
(*L'Inquisition française.*)

d'avoir voulu faire périr sa femme, se rendit à la Bastille en réclamant des juges. Après une détention de quatorze mois, il fut absous par la Chambre de l'Arsenal par arrêt du 14 mai 1680.

(1) Charles de Gontaut, duc de Biron, naquit en 1652. Dès l'âge de quatorze ans, colonel des Suisses, ensuite maréchal de camp, le roi le nomma amiral de France en 1592, puis en 1594 maréchal de France. Pour conjuration contre Henri IV, il fut décapité dans l'intérieur de la Bastille le 31 juillet 1602.

(2) François de Bassompierre, maréchal de France (1579-1646) fut arrêté et mis à la Bastille le 23 février 1631. Averti du malheur qui le menaçait, il avait brûlé, dit-on, 6000 lettres qui auraient compromis les plus grandes dames de la Cour. Sa détention dura 12 ans.

(3) Louis-Isaac Lemaistre de Sacy, janséniste, fut prisonnier à la Bastille du 25 mai 1666 au 30 octobre 1668. « De Sacy disait, rapporte Fontaine (*Mémoires sur les Messieurs de Port-Royal*, II, 368), qu'on faisait voyager les jeunes gens dans les pays étrangers pour leur former l'esprit, mais qu'assurément un petit voyage de six mois à la Bastille leur servirait beaucoup plus qu'un voyage de six ans. »

La fenêtre était bien vitrée et fermée à deux grands volets. Elle n'avait qu'une grille mais très forte, avec un treillis de bois en dehors peint en vert, qui empêchait ceux qui se promenaient dans le corridor ou dans le jardin de voir les prisonniers, mais qui n'empêchait pas les prisonniers de les voir, et une grande partie du jardin, de la porte et du faubourg Saint-Antoine. A côté de cette fenêtre, on voyait écrits les noms suivants : « Poirel de Villeroy, de Vaucouleur, le vicomte de la Laune, Louis Gervais, Claude de Launay, Madeleine de Saint-Michel (1) et une infinité d'autres dont il ne me souvient plus et une quantité de belles sentences; mais il y avait un conseil d'un prince italien que je trouvais d'une pernicieuse conséquence : *Empoisona ove strangola*. Je l'effaçai ainsi que le nom de son auteur, que je tais par le respect qui est dû à sa famille (2). Je suis très persuadé que M. le prince de la Riccia (3), arrêté pour les troubles de Naples, qui était dans cet appartement quand je suis sorti de la Bastille, l'aura orné de meilleures maximes et c'est de quoi ses vertus, et surtout son édifiante piété, me répondent. Je ne puis encore m'empêcher de rapporter ce qui était écrit derrière un des volets de la fenêtre. A la suite de plusieurs qui avaient écrit au sujet de leur détention, on voyait ce qui suit : « *Et moi Jean Crosnier j'ai été traduit ici de Vincennes, où j'avais cassé la tête au fripon de Bernaville, gar-*

(1) Louis Poirel de Villeroy fut incarcéré deux fois à la Bastille (1689-1697), ayant rompu son exil (1761). — Claude et Richard de Launay, plâtriers des environs de Paris, avaient adressé au roi des lettres insolentes. Ils passèrent un mois à la Bastille.

(2) En août 1789, Mauclerc, de Chalon-sur-Saône, un des vainqueurs du 14 juillet, publiait *Le Langage des murs ou les cachots de la Bastille dévoilant leurs secrets*. On y trouve ce quatrain attribué à Davaux :

Dijon, chère Dijon, ô toi qui m'as vu naître,
Pour jamais je te perds : c'en est fait et peut-être
La main qui me tient dans ces tristes lieux
Va terminer mes jours par des tourments affreux.

Davaux doit être François Davant, « illuminé lié de sentiments avec Madame Guyon (5 septembre 1696 — 23 septembre 1706). »

(3) Jean-Baptiste de Capoue, prince de la Riccia, seigneur napolitain, vécut à la Bastille du 26 septembre 1702 au 18 octobre 1713. Il avait dirigé un complot contre Philippe V.

gotier ou plutôt bourreau du château de Vincennes, pour m'avoir fait rouer en sa présence de coups de bâton (1) ». Un prisonnier avait écrit cette sentence : *Patientia levius fit malum.* Et le même Crosnier avait écrit dessous : *La Patience est la vertu des ânes* et, crainte qu'on doutât qu'il était l'auteur de ce vénérable proverbe, il avait mis son nom.

J'étais occupé à lire les variétés qui étaient écrites sur ce terrible et inébranlable cahier, que l'on appelle communément le registre des fous, lorsque j'entendis bruire les verroux de mon triste appartement. Il fallait ouvrir cinq portes avant que d'y entrer. Elles faisaient un bruit terrible en les ouvrant, à quoi répondaient lugubrement les échos tant dans l'escalier que dans les appartements qui y joignaient. Les cinq portes ouvertes, je vis entrer un monstre suivi d'un satyre, car c'est ainsi qu'on peut appeler les deux hommes qui me vinrent visiter. Le premier avait le moufle tout bouffi. Son front semblait être une écorce d'arbre sur laquelle la petite vérole avait pris à tâche de graver l'Alcoran. Ses yeux cachés comme au fond de deux cornets à dés, sous deux sourcils épais d'un pouce, étaient roux et affreux. Son nez tout buriné, et tourné en pied de marmite, chargé de vingt ou trente autres petits nez de toutes couleurs, paraissait une nèfle écrasée au-dessus de sa bouche dont les lèvres bleuâtres, semées de petits rubis et de petites perles, se relevaient en double bourrelet, savoir la supérieure au niveau de son nez et l'inférieure ombrageait une partie de son menton couvert d'un crin plus noir que du jais. Sa figure courte et ramassée ne pouvait presque se soutenir tant l'eau-de-vie, dont elle était pleine, la faisait chanceler. Le satyre était en chemise et en caleçon, sans autre bonnet à la tête qu'une masse de poils roux, mais d'un roux d'airain tout hérissé et qui paraissait n'avoir été

(1) Jean Crosnier dit La Crosnière, était un pamphlétaire et un marchand de traités de sorcellerie. Ses services policiers lui évitèrent la place de Grève et l'exécution d'une condamnation aux galères perpétuelles. Il mourut à Vincennes (Ravaisson. *Archives de la Bastille,* IX, 3.)

peignée de plus d'un an. Un pareil poil, d'une nuance plus rousse, cachait tout son visage jusque sous les yeux qu'il avait tout bordés d'écarlate. Au travers de ce poil, on ne laissait pas de voir que ses joues creuses étaient plissées comme un vertugadin et sa bouche, relevée comme celle d'un Maure, en s'ouvrant, montrait un râtelier jaunâtre et mal rangé. Dans la suite, j'ai appris que le monstre s'appelait Jacques Rosarges (1) que le gouverneur avait érigé en major, et le satyre Antoine Ru, porte-clefs, tous deux provençaux, « pis je ne te puis dire », disait Henri IV.

Le premier, en entrant dans mon antre, le chapeau sous le bras, et très mal enguenillé, me fit quatre ou cinq révérences avec des contorsions qui, dans une autre saison, ne m'auraient pas peu réjoui. Le second portait une petite table pliante toute neuve, d'une main, et de l'autre, une grande cruche de grès pleine d'eau qu'il déposa dans ma chambre et, pendant que le major m'entretenait, il retourna quérir un pot à eau, et un pot de chambre de faïence, un verre, deux serviettes blanches, une chaise percée de bois de noyer fort propre, une sallière, une cuillère, une fourchette d'étain, avec un petit couteau, le tout tout neuf, un pain environ d'une livre et une bouteille de vin d'environ trois demi-setiers.

Il était à peu près onze heures et demie. Je demandai à cet homme qui me dit être le major, si l'on ne me mettrait pas dans une chambre plus propre et tapissée et si M. le gouverneur me prenait pour un bandit de m'envoyer une cuillère et une fourchette d'étain. Il me protesta qu'on n'en donnait pas d'autres aux princes; que si la Cour voulait bien me le permettre, j'en pourrais faire venir d'argent, et

(1) Jacques Rosarges paraît avoir été le premier major de la Bastille. Depuis 31 ans au service de Saint-Mars, simple soldat dans sa compagnie franche, il s'était peu à peu avancé de grade en grade. Saint-Mars l'avait amené avec lui de Sainte-Marguerite. Le *Journal* de du Juncas le qualifie « un des sergents que le Gouverneur a menés. » Il fut spécialement chargé du Masque de Fer. Il signa au registre son acte de décès avec Reilhe. Le 19 mai 1705, il mourut à la Pisotte, près de Vincennes, où il s'était retiré. (Iung. *La vérité sur le Masque de Fer*, 176.)

d'autres meubles tels que je les voudrais, mais qu'il me fallait un ordre exprès du Ministre. Il me protesta que j'étais dans la plus belle chambre de la Bastille, j'ai appris que c'était la vérité, que le roi ne donnait aux prisonniers que les quatre murailles et qu'il me faudrait payer six francs par mois pour le loyer de mon lit; ce que depuis, j'ai appris être une friponnerie des officiers puisque le roi fournit les prisonniers d'État généralement de toutes les choses nécessaires pour la vie et pour la conservation de leur santé (1). Je lui demandai si l'on ne me rendrait pas ma montre dont j'avais besoin et les autres hardes qu'on m'avait prises le matin, mais surtout mes livres qui pourraient m'entretenir dans ma solitude. Il me répondit que sitôt que le Ministre en aurait fait l'examen, on me les rendrait, à la réserve de l'argent et des ferrements qui pour-

Louis-Isaac Lemaistre de Sacy.
Portrait contemporain.
(Musée Carnavalet.)

(1) C'était un usage : tous les prisonniers payaient la location de leur lit, la chandelle, le blanchissage et la gazette. (Voir les comptes de Samuel Mazon, *Nouvelle Revue rétrospective*, 1888, 255.) Hennequin dit être entré trop tard pour qu'on puisse lui faire venir un lit « de chez le tapissier ordinaire de la Bastille qui fournit des meubles à tous ceux qui n'en ont point et qui ont le moyen d'en payer le louage. »

raient me servir à quelque mauvais usage. Je voulus savoir quel était le Ministre devant qui il fallait passer mes babioles en revue. Il me dit que cela dépendait de M. le comte de Pontchartrain, qui ne venait presque jamais à La Bastille, qu'il en avait laissé le soin à M. des Granges, son commis, beau-père du fils de M. de Saint-Mars, avec une espèce de direction à M. d'Argenson, lieutenant de police de Paris (1), qui avait encore sous lui M. Camuset (2), commissaire de la Bastille. Il me demanda combien d'argent j'avais sur moi, quand Corbé s'en était emparé. Je lui dis que je n'avais que cinquante-deux livres et quelques lettres de change, le reste étant dans mes coffres. Je lui montrai le mémoire de mes hardes avec la soumission de Corbé. « Comment, dit-il brusquement, voilà de bonnes nippes, cela doit m'appartenir ; je vais bien les lui faire rendre ». Ce discours me donna bien à entendre en quelles mains j'étais tombé et m'annonça la perte de mes bijoux ; car, comme il était ivre, je raisonnais sur le principe : *in vino veritas*. Je lui demandai quelle sorte d'homme était ce Corbé et quel était son emploi. Il me dit qu'il était le neveu du gouverneur qui l'avait fait lieutenant de la compagnie qui gardait le château, mais qu'il était en dessous

(1) Marc-René de Voyer d'Argenson, né le 4 novembre 1652 à Venise où son père était ambassadeur. Pontchartrain le fit nommer en 1697 lieutenant général de police de Paris. Il fut le véritable organisateur de la police. « Ayant une figure effrayante, dit Saint-Simon, qui retraçait celle des trois juges de l'enfer, il s'égayait de tout avec supériorité d'esprit et avait mis un tel ordre dans cette multitude innombrable de Paris, qu'il n'y avait nul habitant dont il ne sût chaque jour la conduite et les habitudes, avec un discernement exquis pour alléger ou appesantir sa main sur chaque affaire qui se présentait, penchant toujours aux partis les plus doux, avec l'art de faire trembler les plus innocents devant lui ; courageux, hardi, audacieux dans les émeutes et maître du peuple... Il s'était livré aux Jésuites, mais en faisant le moins de mal qu'il pût, sous un voile de persécution qu'il sentait nécessaire pour persécuter moins en effet, et même pour épargner les persécutés. » Président du Conseil des Finances en 1718 et Garde des Sceaux, il donna sa démission en 1720 et mourut en 1721. Ses rapports sont à la Bibliothèque Nationale (fd. fs. 8119-8125).

(2) Jean-Jacques Camuset fut commissaire au Châtelet de 1697 à 1748. (Voir les papiers de sa charge, *Arch. nationales*, Y, 11996-12636.)

de lui puisqu'il était major de la Bastille, et qu'il était parvenu à ce poste glorieux par tous les degrés; qu'il y avait trente-un ans qu'il servait M. de Saint-Mars, qu'il avait d'abord porté le mousquet dans la compagnie et que lorsqu'il était venu avec lui, des îles Sainte-Marguerite à Paris, il avait l'honneur de porter la hallebarde. Je le priai, cependant, de faire mes excuses à Corbé, de ce que je l'avais brusqué le matin, mais que l'affront qu'il m'avait fait, joint au chagrin de me voir arrêté contre toutes les règles de la justice, m'avaient poussé à lui en témoigner mon ressentiment contre les devoirs de la bienséance. Il me répondit que ce n'était qu'une bagatelle, qu'il essuyait des choses bien plus outrageantes. A peine pouvait-il se soutenir. Cependant il ne raisonnait pas mal pour un homme qui paraissait enseveli dans la crapule. Il sortit en faisant des S très périlleuses et je l'entendis qui pensa se casser le cou dans la montée. Le satyre, qui puait plus que le bouc le plus infect, ferma la porte en me disant qu'il m'allait apporter à dîner dans le moment.

Je me mis encore à rêver sur ma funeste aventure, à repasser tout ce que j'avais fait et dit, et plus je cherchais à développer la cause de mon malheur, plus je m'enfonçais dans des raisonnements qui m'entraînaient d'un abîme dans un autre, sans en pouvoir sortir. J'étais enseveli dans ces rêveries, quand, une heure sonnant, je fus réveillé par le tintamarre des verroux qui semblaient m'entrer dans les os. La dernière porte ouverte, je vis entrer Corbé qui me salua d'un air riant. Il était suivi de mon puant porte-clefs chargé de plats. Il mit une de mes serviettes sur la table et y plaça mon dîner, qui consistait en une soupe aux pois verts, garnie de laitues, bien mitonnée et de bonne mine, avec un quartier de volaille dessus. Dans une assiette, il y avait une tranche de bœuf succulent avec du jus et une couronne de persil et dans une autre un quartier de godiveau bien garni de ris de veau, de crêtes de coq, d'asperges, de champignons, de truffes, etc., et dans une autre une langue de mouton en ragoût, tout cela fort bien apprêté, et, pour le dessert un biscuit et deux pommes de reinettes. Sitôt que le porte-clefs eut servi, il s'en alla.

Corbé s'assit auprès de moi et ne voulut pas prendre ma droite. Je l'invitai à manger, mais il me dit que cela ne lui était pas permis et voyant que je ne mangeais qu'un peu de potage, il me sollicita de manger d'une manière très engageante. Je lui fis des excuses sur ce qui s'était passé le matin, mais il me dit fort obligeamment qu'il ne fallait pas faire attention à la sensibilité d'un homme qui se voyait dans la position fâcheuse où j'étais; que dès qu'il le pourrait, il me ferait rendre mes hardes. J'insistai sur mes livres et il me promit que sitôt qu'ils auraient été examinés, il me les rapporterait lui-même. Il voulut me verser du vin de cette bouteille qu'on m'avait apportée le matin.

C'était du très bon vin de Bourgogne et le pain était excellent. Je le priai de boire, mais il m'affirma qu'il ne lui était pas permis. Je lui demandai si je paierais ma nourriture ou si j'en étais redevable au roi. Il me dit que je n'avais qu'à demander tout ce qui naturellement me ferait plaisir, qu'on tâcherait de me satisfaire et que Sa Majesté payait tout. Je m'informai si M. de Torcy ne me donnerait pas des commissaires pour m'examiner. Il me dit qu'il fallait attendre des ordres que d'ordinaire on adressait à M. d'Argenson, que M. de Pontchartrain avait commis pour en faire le rapport au roi. Je le priai de me dire quand il croyait que je pourrais le voir. « Il ne vous verra pas, me répondit-il, qu'il n'en ait un ordre express du ministre qui vous a fait arrêter. Ainsi, ne vous impatientez pas et surtout, point de tristesse. Bannissez-là autant que vous pourrez. » Sitôt que j'eus mangé, il prit congé de moi de fort bonne grâce, en me disant que si je voulais qu'une autre fois il eût le plaisir de m'entretenir pendant mon repas, il fallait que je mangeasse de meilleur appétit et c'était de quoi son oncle me priait très instamment. Je fus surpris de trouver tant de civilité dans un homme de si mauvaise apparence et qui m'avait paru si brutal le matin, mais sans doute que son oncle lui avait fait sa leçon, comme j'ai tout lieu de le croire. Il ferma toutes les cinq portes sur moi et me laissa seul arpenter ma chambre.

Sur les quatre heures de l'après-midi, le porte-clefs vint desservir, accompagné du capitaine des portes. Il m'apporta quatre grosses chandelles de quartier, un chandelier de faïence, une bouteille de vin pareille à celle du matin, et une paire de draps très fins et blancs. Je leur demandai si

Le Pont-levis de la porte d'entrée et les cuisines (juillet 1789).

(Musée Carnavalet.)

quelqu'un viendrait faire mon lit. Le capitaine des portes me dit qu'il fallait obtenir de la Cour de faire venir mon valet, dont le roi paierait la nourriture et l'entretien et qu'en attendant qu'on m'eût accordé cette grâce, je serais obligé de faire mon lit. Le porte-clefs sortit avec toute sa vaisselle et son dîner auquel je n'avais presque pas touché, non plus qu'au vin, et me laissa seul avec le capitaine des portes. C'était un homme affreux et tel que Rubens peignait les bourreaux, dans quelqu'un de ses tableaux. Il avait les épaules grosses et rondes, comme une timbale renversée au niveau de sa tête qui semblait enfoncée dans ses épaules; à peu près comme Boyer Petit-Puy, dans ses voyages, nous peint certains peuples qu'il dit avoir vu dans les Indes, au-dessus du saut de la rivière de Surinam, qui ont le visage un peu au-dessous des épaules à côté de leurs bras et immédiatement au-dessus de l'estomac (1). Son nez était fait comme le bout d'une andouille et tout son visage, enluminé d'un rouge noir, paraîssait être un de ces masques dont on se sert à l'Opéra, quand on fait paraître sur la scène des diables sortant de l'enfer. Toute sa figure grosse, courte et ramassée, était plutôt ronde que carrée. Il portait ses propres cheveux dont, malgré son grand âge, il n'y avait pas un seul de blanc. Il me dit qu'il y avait trente-deux ans qu'il servait le gouverneur, un an avant le major, qui l'avait supplanté dans cet emploi qui devait lui appartenir, car l'autre était un misérable ramoneur des cheminées, entré la première fois dans Paris, la gaule sur l'épaule; que pour lui, il avait eu l'honneur de conduire les chevaux de bât et les mulets du fils de M. le gouverneur; qu'il était bien vrai que s'il eût su lire et écrire, on ne lui aurait pas fait cette injustice et que, hors cette science, il ne lui en manquait pas une seule; qu'il avait eu le bonheur de convertir, pour sa bonne part, quantité de protestants, et même des ministres des plus haut huppés. Il me plaignit beaucoup d'être tombé dans un lieu aussi terrible que celui où j'étais et après avoir bien prié Dieu de me donner

(1) Paul Boyer, sieur de Petit-Puy. *Véritable relation de tout ce qui s'est fait et passé au voyage que M. dè Brétigny fit à l'Amérique occidentale*, 1654. « Les Ciparis, raconte Boyer d'après les récits des Galibis, sont certains sauvages monstrueux qui habitent au delà des sauts de la rivière de Surinam. Ce mot de Ciparis signifie une raie dans la langue des Galibis. Aussi sont-ils faits de même, car ils n'ont point de tête, non plus que ces pauvres animaux que la nature semble n'avoir formés ainsi que pour faire peur aux autres. Et si Dieu ne leur avait mis des yeux et une bouche à l'estomac, ces prodiges raisonnants seraient bien empêchés de leur personne. »

la force de supporter mes croix avec constance, il me laissa seul rêver de ma disgrâce.

Je pris le parti de faire mon lit le moins mal que je pus. Après quoi, je rentrai dans le labyrinthe de mes creuses réflexions. Je m'y égarais encore, lorsque sur les sept heures, j'entendis recommencer le charivari de mes bruyants verrous. La porte s'ouvrit et je vis entrer Corbé, suivi de Ru, chargé de mon souper qui consistait en un morceau de veau rôti de très bonne apparence et du jus dessous, avec deux autres assiettes dans l'une desquelles il y avait la moitié d'un poulet et dans l'autre un ragoût de béatiles (1). Au tout était jointe une salade de cœurs de laitue très bien assaisonnée et, pour le dessert, une assiette de fraises au vin et au sucre.

Depuis le 16 mai que j'entrai dans cette chambre jusqu'au 31 juillet que j'en sortis, je fus toujours traité à peu près de la même manière, mais toujours avec changement. C'est-à-dire que si j'avais eu aujourd'hui un quartier de volaille sur ma soupe, le lendemain c'était un morceau de jarret de veau ou un carré de mouton, toujours de la pâtisserie, soit des petits pâtés, soit un quart de godiveau. Au soir, on observait la même règle. Un jour c'était de l'agneau ou du mouton avec un pigeonneau, et l'autre jour c'était du veau et la moitié d'un poulet ou le quart d'un chapon et toujours un ragoût différent avec une salade et un dessert, le tout très propre et très bon. Tous les matins, on m'apportait, pour tout le jour, un pain d'une livre cuit la nuit précédente et du meilleur de Paris et une bouteille de vin d'environ trois demi-setiers pour mon dîner et l'après-midi on m'en apportait une pareille pour mon souper. Les jours maigres, j'étais encore mieux traité que les jours gras. J'avais pour le diner une bonne soupe, quelquefois aux écrevisses, aux huîtres, aux moules avec un plat de très bon poisson bouilli, un de rôti ou frit et une assiette de légumes, comme asperges, artichauts, petits pois, choux-fleurs selon

(1) Crêtes de coq, ris de veau, garniture de pâté.

la saison, ainsi que du dessert. Pour le poisson, soit de mer, soit d'eau douce, je puis affirmer que c'était le meilleur de la poissonnerie, souvent du saumon frais, des vives, des soles, de la perche, du brochet, des truites, etc.. tout bien apprêté. Dans une des bonnes auberges de Paris, je n'aurais pas été mieux traité à un écu par repas. Mais dans la suite, il y eut bien à rabattre puisque le cruel Corbé et l'avare Bernaville m'ont donné de la vache plus mauvaise que celle qu'on donne aux soldats et de méchants légumes, comme pois, fèves, haricots, lentilles et cuits au sel et à l'eau et cependant le roi payait le même prix, une pistole par jour, pour ma seule nourriture.

Corbé me fit encore plus de civilités au souper qu'il ne m'en avait fait à mon dîner. Il me servit lui-même à manger et à boire, me pria de lui dire ce qui était de mon goût afin qu'il m'en fît servir et me fit bien des honnêtetés auxqu'elles je ne manquai pas de répondre de mon mieux et quand j'eus soupé, il prit congé de moi et me laissa seul enfermé dans ma chambre attendre la plus triste nuit que j'eusse passé de ma vie qui a été suivie de 4 068 autres dont la plupart m'ont paru plus amères que la mort.

Les officiers de la Bastille continuèrent toujours à me venir voir et jamais, tant que je fus dans cette chambre, je ne mangeai qu'en présence soit du major, du lieutenant Corbé ou du capitaine des portes. Je ne leur demandais plus que mes livres et surtout mon *Nouveau Testament* et mes *Psaumes de David*, de la version de Conrart. Enfin, au bout de huit jours, on me rapporta mon *Nouveau Testament* parce que, heureusement pour moi, il était de la version du R. P. Amelotte; pour mes *Psaumes*, ils furent jugés apocryphes. On me rendit encore un petit livre de prières un peu plus gros que le pouce dans lequel il y avait quelques psaumes en latin. Ce fut le major qui me rapporta ces deux livres, avec ma montre qui est très belle et parfaitement bonne, faite à Londres par de Charmes, un des meilleurs ouvriers de cette célèbre ville. Corbé, pour montrer un échantillon de ses tours de maître gonin, l'avait estropiée et me fit demander au nom du gouverneur, en me faisant faire des excuses de ce prétendu accident, si je voulais la vendre, parce qu'il la trouvait fort juste. Je lui répondis que je n'étais pas marchand de ces sortes de choses, mais que je me ferais un plaisir de la donner au gouverneur, et je priai le major de la lui présenter de ma part.

De Renneville interrogé par Saint-Mars, qui pose la main sur la table.
(Cette gravure est l'unique portrait gravé de Saint-Mars.)
(*L'Inquisition française.*)

Il la refusait de manière à me faire connaître qu'il en avait grande envie. J'insistai à la lui faire prendre; cependant, ma bonne fortune, d'ailleurs si contraire en toutes choses, me favorisa en ce coup et lui lia les mains pour ne point l'accrocher.

Je connus, le lendemain, que le gouverneur n'avait eu aucune part à cette friponnerie, car il me fit descendre dans une grande salle le mercredi 24 du mois de mai, neuvième jour de mon emprisonnement, pour me parler et, après m'avoir demandé des nouvelles de ma santé, si j'étais content de ma nourriture, il me pria d'une manière fort engageante de ne me point chagriner. Je lui répondis avec une honnêteté dont il parut fort satisfait. Mais il fut fort étonné de me voir tirer ma montre, que je lui présentai de fort bonne grâce en le priant de l'accepter. Il me dit qu'il n'était pas homme à rien prendre d'un prisonnier et qu'il était fort surpris de mon compliment. Sur quoi, je lui répliquai que j'aimais beaucoup mieux lui donner ma montre que de la lui vendre. Il me fit expliquer et quand il eut découvert la friponnerie de son neveu et du major, il entra dans une fureur terrible. Il jurait, il frappait des pieds, il apostrophait le neveu et le major par des injures qu'il semblait forger exprès pour eux. Mais quand je lui demandai mes bijoux et qu'il apprit qu'on ne me les avait pas rendus, il entra dans des emportements qui le rendirent tout effréné et le transportèrent hors de lui-même. Je faisais tous mes efforts pour l'apaiser. Il ne m'écoutait pas, il n'écoutait que sa passion. Il fit chercher Corbé et le major, mais ils n'avaient garde de paraître. Le feu lui sortait des yeux. Ses tremblements naturels redoublaient d'une force, que je croyais qu'il allait se disloquer et tomber en morceaux. Enfin, après des agitations terribles, il s'apaisa un peu, et parut revenir dans son bon sens; et quand il fut un peu plus tranquille, il me dit que dans le moment, on allait me renvoyer tout ce qu'on m'avait pris dont je lui fis voir l'inventaire, signé de son neveu.

Après, il me fit asseoir dans un grand fauteuil et s'assit devant moi, la table entre nous deux, sur laquelle il y avait du papier blanc, des plumes et une écritoire, et s'étant mis en devoir d'écrire, il me dit que le roi désirait de savoir si je n'avais pas d'autres papiers que ceux que l'on m'avait saisis. Je lui dis que j'avais de quoi en charger plus de deux mulets, mais que je les avais laissés en Provinces (1) comme titres regardant ma famille et mes affaires domestiques. « Ce ne sont pas ceux-là que je vous demande, reprit-il en blasphémant le saint nom de Dieu, ce sont ceux que vous devez avoir cachés à Versailles et qui regardent vos négociations avec les puissances étrangères et surtout ceux qui concernent les liaisons que vous avez avec l'Angleterre et la Hollande. » Je pris mon air sérieux et, le

(1) Les Provinces Unies.

regardant d'un air fier, je lui demandai si c'était pour se moquer de moi qu'il me faisait descendre, que M. de Torcy avait tous les papiers que j'avais à Versailles, et que je n'avais nulle relation avec qui que ce soit, qui pût m'attirer la disgrâce du roi et que je demandais avec instance qu'il plût à Sa Majesté de me donner des commissaires pour m'examiner et que si l'on trouvait que je fusse coupable, je ne voulais aucune grâce, mais que si l'on me trouvait innocent, je réclamais la justice du roi pour me rendre la liberté avec sa bienveillance ordinaire.

Je lui dis cela d'un ton si haut qu'il en prit un plus radouci pour me demander si je connaissais milord Slane et si je ne lui avais pas conseillé de repasser en Angleterre? Je lui répondis que j'avais l'honneur de connaître très particulièrement ce milord; mais bien loin de lui avoir inspiré le dessein de retourner chez lui, milord Berwick (1), toute la cour d'Angleterre, M. le duc de Boufflers, M. de Chamillard, M. Callières et plus de cent autres personnes d'honneur m'étaient témoins, aussi bien que tous les officiers irlandais, que j'avais sollicité un régiment irlandais, de nouvelle création, à la paye étrangère, pour ce milord, qu'on le lui avait même accordé, mais qu'ensuite on l'avait donné à milord Berwick, ce qui devait faire prendre le parti à milord Slane, après la mort du roi Guillaume, de se retirer chez lui; qu'il était assez prudent pour se conseiller soi-même et qu'il n'y avait nulle apparence qu'il m'eût voulu consulter sur un fait dont il pouvait, lui seul, être le juge et que M. de Chamillard lui avait de son mouvement, en ma présence, accordé son passeport, que je ne demandais pas d'autre témoin que ce milord, seigneur très intègre et d'une probité généralement approuvée, et s'il disait que je lui eusse dit un seul mot pour l'engager à retourner en Angleterre, que je signerais ma condamnation de mort au pied de sa déclaration. « Il est ici prisonnier avec vous dans ce même château, reprit le gouverneur, et

(1) Il s'agit évidemment de James Fitz-James, duc de Berwick (1670-1734), fils de Jacques II et d'Arabella Churchill. (Voir *La Cour galante de Charles II*, par Albert Savine, p. 173.)

c'est lui qui vous accuse (1). — Faites-le paraître, lui dis-je, et il vous va désavouer dans le moment. Je plains ce seigneur qui mérite un autre sort que celui de la Bastille, après les services qu'il a rendus à la France et à son roi : ne puis-je pas le voir ? — Il faut un ordre de la Cour pour cela, me dit-il, et quand il sera venu, je vous ferai parler à lui. »

Il me demanda aussi si je n'avais pas eu à La Haye des conférences avec le feu roi Guillaume et de fréquentes conversations avec milord Portland (2). Je lui dis que je les avais fait solliciter par mes amis, pour en obtenir de l'emploi dans l'établissement que je prétendais faire en Hollande ou en Angleterre. Il me dit que le ministre désirait encore savoir quelle relation j'avais avec M. le marquis de Bougy, M. de l'Etang et M. de Colombières, capitaine aux gardes à La Haye. Je lui dis que c'étaient trois de mes amis, dont deux étaient des gentilshommes de la province où j'avais été élevé, qu'un de mes frères avait été capitaine de cavalerie dans le régiment de M. de Bougy, très intime ami de feu mon père, et qu'ayant fait connaissance avec M. de Colombières du temps que j'étais directeur à Carentan, je l'avais renouvelée à La Haye où il m'avait fait un accueil favorable. « Oui, dit-il, nous savons que M. de l'Etang et le capitaine des gardes vous ont souvent mené chez M. le Grand Pensionnaire et que milord Portland, conjointement avec milord Galway (3) vous ont plusieurs fois introduit auprès du feu roi Guillaume, avec lequel vous avez eu de longues conférences. » Je niai absolument la chose et je dis que je consentais à mourir, si on pouvait me la prouver, à la réserve de leur protection que je leur avais demandée pour mon établissement.

(1) Lord Slane, à s'en rapporter aux ouvrages de M. Funck-Brentano, n'a jamais été incarcéré à la Bastille.

(2) William Bentinck, comte de Portland (1649-1709), tout dévoué à Guillaume III, de la politique de qui il fut un des principaux agents.

(3) Henri de Massue de Ruvigny, comte de Galway (1648-1720) qui avait été député général des Eglises réformées de France de 1678 à 1685, avait émigré en Angleterre après la révocation de l'Edit de Nantes et y organisait des régiments de huguenots français au service de la Maison d'Orange qui lui accorda le titre de comte de Galway.

Après cela, il me fit des propositions qui me firent horreur et que je ne veux pas coucher sur ce papier pour le respect que j'ai pour les ministres de France, quoique sans doute, le gouverneur parlât de son chef, sans aveu de pas un d'eux. « Je croyais être mieux connu de M. de Chamillard, repris-je d'un ton fier. Si ce n'est qu'aux dépens de mon honneur qu'il veut me mettre hors de la Bastille, on m'y gardera jusqu'à ma mort. Dites-lui cela s'il vous plaît de ma part, Monsieur, et qu'il se souvient bien mal des belles promesses qu'il m'avait faites en me rappelant en France. — Je vais lui écrire et à M. de Torcy, toute notre conversation, mot pour mot, me dit-il. En attendant leur réponse, tenez-vous joyeux, je vous rendrai service, ou je ne pourrais, car je connais que vous êtes soupçonné à tort, et que vous êtes un brave homme. Comptez là-dessus. » Il me fit reconduire dans ma chambre, après plusieurs compliments de part et d'autre. Cependant, oncques depuis, je ne le revis ni je n'ai pu lui parler, quelques instances que j'en ai faites.

Gilbert Burnet, évêque de Salisbury.
Peint par Riley, gravé par J. Smith.
(Bibliothèque Nationale. Estampes.)

On ne me rapporta pas mes hardes que j'ai presque toutes perdues, aussi bien mon argent que mes lettres de change. Le major vint me voir dîner comme à l'ordinaire. Je lui fis des excuses sur la méprise que j'avais faite en offrant ma montre au gouverneur, et en lui redemandant mes hardes. « Vous ne connaissez pas ce renard-là, reprit le major. Il voudrait tenir votre montre. Si vous étiez homme à la lui vendre, vous n'en toucheriez pas de faux argent; et comme le neveu ne vaut pas mieux que l'oncle, vous courez risque de ne jamais revoir vos bijoux, votre argent et vos lettres. Si vous n'insistez pas à me faire remettre le tout, c'est autant de perdu pour vous. » Quoiqu'il fût ivre à ne pouvoir se soutenir, j'ai reconnu qu'il disait vrai en partie. Pour la montre, j'ai appris depuis de M. le chevalier Burnet (1), neveu du fameux milord Burne, évêque de Salisbury (2) et du P. Florent de Brandebourg, capucin (3), auxquels je parlai quelque temps après, qu'on leur en avait fait autant qu'à moi. Ces filous, pour escroquer les montres de leurs prisonniers, en ôtaient une pièce. Ils feignaient après qu'il était arrivé accident à la montre; ils proposaient alors au propriétaire de la vendre. Si l'on était alors assez simple de le faire, la montre leur demeurait, et l'argent ils vous le décomptaient en bois, chandelle, loyer du lit, etc. Sinon, ils remettaient les pièces qu'ils en avaient ôtées et faisaient croire qu'ils en avaient payé une somme considérable à l'horloger.

La conversation que j'avais eue avec le gouverneur servit à me faire connaître de quoi l'on me soupçonnait, ce qui me donna de terribles inquiétudes. Je regardais, d'un autre côté, en quelles mains j'étais tombé. C'était entre les mains de gens incapables d'aucun bien et capables de tout mal. Il ne ferait pas mal, je crois, de dire par qui la Bas-

(1) Thomas Burnett Kenmay, gentilhomme écossais, incarcéré à la Bastille du 30 avril 1702 au 22 juin 1703.

(2) Gilbert Burnet, évêque de Salisbury (1643-1715), auteur de l'*Histoire de mon temps* (voir notre ouvrage *La Cour galante de Charles II*).

(3) Le Père Henri-Théodore-François-Florent de Brandebourg, capucin du pays de Liége, « célèbre par son espionnage et ses galanteries » entra à la Bastille le 9 septembre 1702 et en sortit le 9 juin 1713.

tille était gouvernée, lorsque j'y suis entré, et quelle était la figure et le caractère de ces hommes qui en avaient l'administration. Voici le nom des officiers : M. de Saint-Mars, capitaine du château de la Bastille, mais à qui, presque tout le monde donne la qualité de gouverneur; M. du Juncas, lieutenant du roi. Ce sont les seuls qui sont à la nomination du roi et installés par brevet. Ceux qui suivent sont à la nomination du gouverneur, qui peut les casser, quand il lui plaît : Jacques Rosarges, major; Guillaume Formanoir dit Corbé, lieutenant de la compagnie qui garde le château, neveu du gouverneur; le nommé L'Écuyer, capitaine des portes; Abraham Reilhe, chirurgien (1); l'abbé Giraut, aumônier (2); Antoine Ru, Boutonnière et Bourgouin, porte-clefs (3). Il y avait encore le P. Riquelet, jésuite, confesseur ordinaire de la Bastille (4), mis de la part du roi, à la nomination du P. de la Chaise (5), son confesseur; un médecin, nommé M. Fresquier, de la part du roi, à la nomination de M. Fagon (6), son premier

(1) Abraham Reilhe était le valet de chambre de Saint-Mars qui touchait ses appointements. Raser et saigner était son principal emploi.

(2) L'abbé Giraut, chapelain de la Bastille, était une créature de Saint-Mars qui touchait ses appointements. Ce fut lui qui confessa le Masque de Fer et l'exhorta un moment avant sa mort.

(3) Il y avait, en effet, trois porte-clefs à la Bastille à cette époque, chacun faisant le service de plusieurs tours. Il leur était recommandé d' « avoir beaucoup de douceur et de politesse pour les prisonniers », de n'accepter de gratifications des prisonniers qu'à leur sortie, de ne faire aucunes emplettes pour eux sans autorisation. Ils avaient le profit de la desserte. Ru avait été spécialement chargé du Masque de Fer avec Rosarges.

(4) Le 1er avril 1688, Louis XIV avait délégué le soin d'entrer au château de la Bastille, pour y administrer aux prisonniers les sacrements de pénitence et d'eucharistie, au religieux qui serait adressé à Bésemeaux par le supérieur de la Maison professe des Jésuites (Bournon. *La Bastille*, p. 69).

(5) Le Père François d'Aix de La Chaise, jésuite, petit-neveu du Père Cotton, confesseur d'Henri IV, et lui-même confesseur de Louis XIV pendant 34 ans. Il naquit au château d'Aix-en-Forez le 25 août 1624 et mourut le 20 janvier 1709.

(6) Gui Crescent Fagon était neveu de Gui de La Brosse, fondateur du Jardin des Plantes. Né le 11 mai 1638, il étudia la médecine et, aussitôt reçu docteur, il obtint la chaire de botanique et de chimie au Jardin des Plantes. Premier médecin de la Dauphine en 1683, puis de la reine, il devint en 1693 premier médecin du roi. Il mourut le 11 mars 1718.

médecin, et un apothicaire en titre d'office. Il ne faut pas oublier un petit drôle nommé Jacques La France, que l'on disait être le fils naturel de Corbé et pour lors son laquais. Le gouverneur avait encore les sergents, autres officiers subalternes et soldats de la compagnie qui gardaient le château, mais qui n'avaient aucune communication avec les prisonniers; non plus que ses valets de chambre, officiers, cuisiniers, cochers, laquais et autres gens qui le servaient.

Prisonniers, gouverneur et officiers sont sous la direction de M. d'Argenson. C'est donc par lui que je vais commencer mes portraits. Il s'appelle Marc René Paulmy Le Voyer, marquis d'Argenson. Il est fils d'un lieutenant du présidial d'Angoulême qui, étant devenu intendant de province, fut envoyé de la part du roi en négociations à Venise, où ledit sieur d'Argenson est né. Aussi a-t-il toute la finesse et tout l'esprit des Vénitiens avec toute l'adresse et toute la souplesse des Français. La voix publique dit qu'il n'a point d'âme. On aurait peine à dire qui, de son chapeau, de sa perruque ou de ses sourcils, de ses yeux, de son visage ou de sa robe est le plus noir. Il n'y a point d'homme, quelque intrépide qu'il soit, qui ne soit saisi d'horreur en l'envisageant. Il est d'une sévérité terrible, d'un regard épouvantable, d'une malice redoutable, et d'une avarice insatiable. Otez-le de sa magistrature, dans la vie civile, c'est un homme d'une conversation agréable, très savant, très poli, et, à la figure près, tout charmant. Malgré toutes les charges dont il est accablé, et qui donneraient bien de l'occupation à vingt des plus habiles hommes de la France, il vaque à toutes tant bien que mal et surtout il tire la quintessence de toutes. Il est autant haï dans Paris qu'il y est redouté; et quoiqu'il n'y soit fort aimé de qui que ce soit, pas même de sa famille, il va la tête levée partout avec la même audace que s'il était aimé de tout le monde, parce qu'il connaît parfaitement bien le cœur des Parisiens. S'il leur a fait du bien, en donnant la chasse aux filous et aux filles de joie, il leur a fait encore plus de mal. Mais on peut dire que c'est sur les prisonniers de la Bastille que tombe sa fureur. C'est là que sa malice n'est bornée par aucune considération divine ou humaine. Comme son unique but est de plaire au Roi, il le fait aux dépens de tous ceux qui lui tombent entre les mains et sous ombre d'administrer la justice d'un grand roi, il y exerce la plus cruelle tyrannie qui soit dans l'univers.

Benigne de Saint-Mars était un homme de fortune de qui le nom véritable même n'est pas bien connu (1). Ce qu'il y a de constant, c'est que M. de Saint-Mars était garde du corps, lorsque M. Fouquet fut arrêté, et que l'on jeta les yeux sur lui, pour garder à vue ce déplorable ministre dans sa prison (2). M. Fouquet mort, et feu Mademoiselle ayant fait rentrer M. de Lauzun en grâce (3), Saint-Mars eut le commandement des îles d'Hyères pour récompense. Enfin, M. de Bésemeaux, gouverneur de la Bastille, étant mort, M. des Granges, commis de M. le comte de Ponchartrain et beau-père du fils de M. de Saint-Mars, sollicita ce gouvernement pour le père de son gendre et l'obtint du roi (4).

(1) Benigne d'Auvergne de Saint-Mars, seigneur de Delmont et de Palteau, bailli et gouverneur de Sens, était né en 1626 dans les environs de Montfort-l'Amaury. Il fut anobli en 1676. Il avait débuté comme enfant de troupe, avait fait de 1650 à 1665 sa carrière dans les mousquetaires. Successivement commandant de Pignerol, d'Exiles, des Iles Sainte-Marguerite et Saint-Honorat, puis de la Bastille, il y mourut le 26 septembre 1708 et fut enterré au cimetière de l'église Saint-Paul. A Pignerol, il avait épousé une des sœurs du commissaire des guerres Damorezan. La sœur de sa femme, mariée à Elie Dufresnoy, attaché au secrétariat de la Guerre, devint la maîtresse de Louvois qui fit créer pour elle la charge de dame du lit de la reine. Mme de Sévigné parle dans ses lettres de l'influence de Mme Dufresnoy. Son crédit ne fut pas étranger à la fortune de Saint-Mars, non plus que le mariage de son second fils avec la fille de Desgranges, premier commis de Pontchartrain. A la Bastille, Saint-Mars touchait 15 360 livres d'appointements, à la charge d'entretenir un chapelain et un chirurgien. (Iung. *La vérité sur le Masque de Fer*, 127. — Bournon. *La Bastille*, 53.)

(2) Voir Albert Savine et François Bournand. *Fouquet, surintendant général des Finances*, p. 176 et suivantes.

(3) Voir Albert Savine et François Bournand. *Fouquet, surintendant des Finances*, p. 191.

(4) D'après Iung (*La vérité sur le Masque de Fer*, p. 139) le revenu fixe du gouverneur de la Bastille s'élevait à plus de 100 000 livres, non compris les bénéfices énormes provenant de l'entretien des prisonniers. A la mort de Saint-Mars, on trouva dans ses coffres plus

Guillaume de Formanoir dit Corbé, son neveu, était encore plus laid, plus mal tourné et plus méchant que son oncle. Les porte-clefs et surtout Ru, qui le haïssait mortellement, disaient hautement aux prisonniers que Corbé était le fils d'un jardinier de Montfort-l'Amaury (1). Saint-Mars, son oncle, lui avait fait quitter par son crédit la bêche et le rateau pour l'élever à la dignité de lieutenant dans une compagnie de celles qu'on appelle salades ; poste qu'il avait constamment conservé sous la protection de son oncle, pendant dix-sept à dix-huit ans et dont sans doute il aurait été enfin chassé malgré sa persévérance, si son oncle n'en avait délivré la compagnie, pour en faire notre fléau (2). Il avait à peu près cinquante ans, quand je l'ai vu pour la première fois. Son front, pas plus large que le pouce, semble être une étiquette de parchemin grillé, sous laquelle s'enfoncent deux petits yeux de cochon brûlé, noirs comme des pruneaux relavés. Il a un nez pointu comme un suppositoire, ouvert par les narines en forme de ces machines dont on éteint les bougies dans les églises. Il s'entend fort bien parler, car sa bouche aboutit à ses deux oreilles. Il a tout au moins les deux tiers de son

de 600 000 livres. Il possédait en outre une vaisselle d'argent fort belle, des meubles somptueux, des armes et des bijoux de grande valeur. Ses trois neveux Guillaume, Louis-Joseph et Louis de Formanoir qui héritèrent des terres de Dixmont, de Palteau et d'Ermont trouvèrent une fortune terrienne qu'ön évaluait à plus de deux millions de livres.

(1) Corbé n'avait pas la basse extraction que lui prête Renneville. Saint-Mars avait une sœur qui épousa Eloi de Formanoir, seigneur de Corbé dont elle eut trois fils. Guillaume, cadet dans la compagnie de son oncle, servit au régiment de Bourgogne en qualité d'ingénieur jusqu'à ce que, en 1694, il devint lieutenant de la compagnie franche de Saint-Mars. Il avait alors 44 ans. (Iung. *La vérité sur le Masque de Fer*, p. 132). — (Lair. *Nicolas Foucquet*, t. II, 532.)

(2) Au moment où Saint-Mars, nommé gouverneur de Pignerol, forma sa compagnie, il la remplit de gens de sa famille sur lesquels il savait pouvoir compter. Quand Corbé quitta la Bastille « parce qu'il n'y avait plus le même pouvoir et agrément comme du vivant de son oncle », il demanda une pension de 1000 livres. On lui offrit la croix de Saint-Louis, ce qui le mécontenta fort, et il se retira dans la terre du Palteau dont il avait hérité. (Lair. *Nicolas Foucquet*, t. II, 418-531.) — (Iung. *La vérité sur le Masque de Fer*, p. 132.)

visage en gueule. Ses dents toutes corrompues et d'une puanteur insupportable ont été peintes en ébène par le tabac qu'il prend en quantité. Quand il rit, il ouvre la bouche et ferme les yeux d'une manière tout à fait risible. L'on prendrait son menton pour le polissoir d'un cordonnier. Il marche tout courbé sur deux jambes cagneuses, toutes contournées comme celles d'un basset d'Artois. Toutefois son esprit est plus de travers et plus mal bâti que son corps.

M. du Juncas, lieutenant du roi, était un gentilhomme des environs de Bordeaux. Il était exempt des gardes, lorsqu'il entra officier à la Bastille. Homme de moyenne taille, mais bien fait, qui passait les soixante ans, il avait de bonnes et mauvaises qualités comme tous les autres hommes. Ses bonnes qualités l'emportaient de beaucoup. Il était officieux, affable, doux, honnête. Jamais il ne m'a dit une parole désobligeante. Au contraire, il ne cherchait qu'à me consoler, et il n'a pas tenu à lui que je n'aie obtenu ma liberté. Tant qu'il a vécu, il m'a prêté beaucoup de livres et il se déclara hautement pour moi contre la tyrannie de Corbé. Sachant que La France, que son maître avait érigé en porte-clefs, m'avait outragé de paroles, il s'emporta contre lui jusqu'à vouloir l'envoyer au cachot et protesta que si jamais il lui arrivait d'insulter le moindre prisonnier, il le chasserait comme un maraud qu'il était, malgré la protection de son maître. Ceux qui se plaignaient de M. du Juncas, l'accusaient d'être inquiet, vif, remuant, d'une sévérité outrée et de ne dire jamais la vérité. Cependant, je proteste qu'il m'a toujours parlé avec sincérité. Il est vrai que c'est M. du Juncas qui a fait mettre, pour la première fois, des doubles portes à toutes les chambres et des avant-grilles à plusieurs fenêtres pour ôter aux prisonniers la vue sur les rues de Paris et, dans toutes les chambres, il n'a laissé qu'une fenêtre ouverte.

Je crois qu'il n'est pas besoin que je retouche le portrait de Jacques Rosarges, major, le plus brutal de tous les hommes. J'en ai assez dit et la suite de cette histoire fera connaître que les prisonniers ne pouvaient pas tomber dans de plus indignes mains, si l'on en excepte La France, porte-clefs, et Bernaville. J'en dis autant de L'Écuyer, capitaine des portes, cependant bien moins méchant, sans comparaison, que le major, et même il paraissait qu'il avait encore quelque espèce de crainte de Dieu.

Abraham Reilhe, chirurgien de la Bastille, enfant de Nîmes, — et c'est tout dire pour prouver qu'il avait de l'adresse et de l'esprit, avec le savoir-faire et la souplesse d'un Languedocien et l'avidité d'un Gascon, — avait des ongles jusqu'aux coudes, affilés comme des rasoirs. Il était nouveau venu à la Bastille. lorsque j'y entrai. L'abbé Giraud l'y avait introduit. Il était frater dans une compagnie d'infanterie. Il avait encore l'habit de soldat sur le corps, quand je le vis pour la première fois. C'était un petit bout d'homme bien alerte, au fond fort ignorant, car à peine savait-il faire la barbe dans son noviciat. Aux dépens de ses patients, ce frater est devenu un bon sujet de Saint-Côme, et ce qui a achevé d'en faire un homme de conséquence, c'est que l'apothicaire de la Bastille étant mort, il en a acheté la charge par la médiation de Bernaville, auquel il en a fait une rétribution, car rien pour rien chez les tyrans, et moyennant la loyale part qu'il lui fait de ses parties (1) d'apothicaire, les prisonniers, qui, auparavant, avaient abondamment toutes les drogues de la pharmacie, sont aujourd'hui privés du très nécessaire. Le registre n'en est pas moins largement chargé.

Ru était un des porte-clefs que le gouverneur avait amenés de Provence. Il en avait bien les manières et renchérissait même sur les plus universellement désapprouvées. Il ne contribuait pas peu à faire paraître les deux autres porte-clefs, encore moins mauvais qu'ils n'étaient, quoique peut-être il ne soit pas entré à la Bastille de meilleurs enfants qu'eux pour servir les prisonniers. Boutonnière était Parisien, boutonnier de sa profession, bon israélite, sans fraude ni dol, fort compatissant aux misères des prisonniers; et je puis dire que les cruautés qu'on a exercées sur

(1) Mémoires.

moi, l'ont attendri jusqu'à répandre des larmes sur mes souffrances. Mais Bourgouin, particulièrement, méritait une autre destinée que celle de porte-clefs. Aussi ne resta-t-il pas longtemps à la Bastille. Il était Bourguignon. Il avait servi dans les dragons où il était maréchal des logis quand l'abbé Giraud, qui était allé acheter du vin chez l'oncle de Bourgouin, curé en Bourgogne, l'en retira sous l'ombre de lui faire sa fortune, et quand il le tint à la Bastille l'attacha sous le collier de misère. Mais bien loin d'y contracter la férocité qu'inspire ce barbare emploi, il était civil, honnête, affable et bienfaisant, et, sans tort à ses maîtres, il se faisait un plaisir d'obliger tous les prisonniers. Je n'en ai pas vu un seul qui ne l'aimât tendrement.

Jacques Fitz-James, duc de Berwick.
Portrait anonyme.
(Bibliothèque Nationale. Estampes.)

J'ai gardé les directeurs de conscience des prisonniers et prisonnières, au moins de ceux et de celles qui avaient le malheur de les écouter, pour clore mes portraits. L'abbé Giraud, aumônier de la Bastille, est encore un Provençal que Saint-Mars avait amené de l'île Sainte-Marguerite. On disait que son bon maître Saint-Mars n'avait point d'âme; mais on se trompait fort, car ce charitable prêtre était l'âme de Saint-Mars puisque Saint-Mars n'était animé que par lui. Il n'écorchait que par lui. Il ne tyrannisait que par lui. Ce zélé aumônier était le gargotier de la Bastille quand j'y entrai; mais Corbé, le trouvant trop prodigue, se substitua en sa place, pour rétrécir ses marmites, bannir de sa cuisine toutes les casseroles, et métamorphoser le bœuf en vache, que Bernaville, enchérissant sur lui, a trouvé moyen de convertir en charogne. L'aumônier garda toujours jusqu'à la mort de Saint-Mars la charge de sommelier de la Bastille; et tandis que la charité de Jésus-Christ lui fit changer l'eau en vin, sans miracle lui trouva moyen de changer le vin en eau. Bien loin d'aller consoler les prisonniers dans leurs chambres, comme son devoir l'y obligeait, je ne l'ai jamais vu venir qu'une seule fois dans la nôtre. Le jour précédant une visite que devait faire M. le comte de Pontchartrain, mais qu'il ne fit pas, se contentant de la faire faire par M. d'Argenson, il vint me prier de la part de son cher maître et m'exhorter chrétiennement à ne pas faire de plaintes sur la mauvaise nourriture et surtout à ne pas découvrir qu'on nous laissait passer tous les hivers, sans d'autre feu que celui d'une très avare chandelle, me promettant de la part de M. de Saint-Mars et me jurant foi de prêtre, non seulement qu'on ne me laisserait manquer de rien, mais que, tous les deux, prévenus de mon innocence, allaient travailler sérieusement à me procurer ma liberté. Je fis semblant de le croire : je ne dis mot, voyant que d'Argenson était seul à faire la visite : je fus, cependant, plus mal traité qu'auparavant.

S'il ne visitait pas les prisonniers, il n'en était pas de même des prisonnières chez lesquelles il était toujours fourré, chez celles du moins qui en valaient la peine. Quand Corbé et lui avaient à leur disposition une femme ou une fille qui leur plaisait, si elle résistait à leurs brutalités, ils la plongeaient dans d'affreux cachots pour la faire succomber et la forcer à se rendre. Si elle y acquiesçait, rien ne lui manquait. Ces intègres administrateurs lui fournissaient abondamment le gibier le plus rare, les vins les plus exquis, les plus belles confitures, la pâtisserie la plus fine. Rien n'était épargné; tout lui était donné avec profusion, en sorte que quand ses amants étaient sortis, elle en fournissait tous ses voisins sur sa tête et sous ses pieds.

Ce pieux et charitable aumônier, homme de moyenne taille, a le visage fait comme un masque, de grands yeux creux, un long nez se rabattant à la Borromée en bec de perroquet, une bouche relevée comme celle d'un More, avec un teint plombé et olivâtre, crachant continuellement et se plaignant sans cesse d'une oppression de poitrine. Au reste, d'une propreté abbatiale; toujours le castor le plus lustré, la perruque la plus blonde et la mieux poudrée, le rabat de la bonne faiseuse, le plus régulier, sur lequel la nonne la plus critique n'aurait pas trouvé la moindre chose à gloser, le gland le plus poupin, le bas de soie le mieux tiré, et le soulier tout des plus mignons. Aussi, nous avons découvert dans la suite qu'il ne s'en tenait pas à ses seules poulettes les prisonnières, et qu'il était encore l'Adonis de certaines nonnains qui l'accablaient de présents et de billets doux.

Le Père Riquelet, de la *vénérable* société, semble être, à sa mine grossière et lourde, un jésuite tout des plus pinchinats (1), mais dans le fond, il est un des plus fins et des plus retors. Les subtilités lui sortent de tous côtés. Il est tout farci de restrictions mentales et doublé de la plus fine étamine. Je ne sais si c'est son naturel, ou l'air contagieux de la Bastille qui le faisait mentir, mais il n'a jamais dit la vérité aux prisonniers, ce qui l'avait fait surnommer le bateleur spirituel ou l'endormeur de couleuvres. J'ai entendu onze prisonniers, séparés en trois chambres, se faire un rapport fidèle de la conversation que chacun, en particulier et séparément, avait eue avec ce bon Père en un même jour, et toutes se trouvaient différentes et se contrariaient quand on en faisait le rapport des unes aux autres. Jamais il ne regarde un homme en face. Toujours la vue baissée sur le plancher, il est facile de remarquer la gêne et l'inquiétude où il est de chercher des réponses

(1) Grossière étoffe de laine dont on faisait les capes des bergers.

conformes à ses intentions ou à celles des personnes qui l'emploient. Il a un grand défaut, c'est qu'il manque de mémoire, qualité si nécessaire à un bon menteur. Pour m'être laissé séduire par le désir de ma liberté, et avoir feint d'écouter favorablement cet imposteur, ça été sans doute un de ceux qui ont le plus contribué à ma longue détention, et le principal instrument de mes tourments.

Guy Crescent Fagon, médecin de Louis XIV. Portrait d'Hyacinthe Rigaud, gravé par Edelinck. (Bibliothèque Nationale. Estampes.)

Je demeurai dans la chambre de la seconde de la Chapelle, depuis le mois de mai 1702, jour de mon emprisonnement, jusqu'au 31 de juillet suivant. Pendant ce temps, il ne se passa rien de considérable qui pût parvenir à ma connaissance, puisqu'il n'était permis qu'aux rats, aux mouches et à mes tyrans de me visiter. Ce fut en ce triste lieu que je commençai à composer mon poème de *l'Amour et de l'Amitié* que, dans la suite, j'ai poussé jusqu'à six mille vers. Mes barbares tyrans me l'ont ravi, aussi bien que mes autres ouvrages. La perte m'en a été plus sensible que tous les tourments que j'ai soufferts dans ma prison, quelque excessifs qu'ils aient été, ceux que j'en ai sauvé n'approchant pas de ceux que j'ai perdus. J'avais encore tout mon feu quand je les ai composés et plus de onze ans de Bastille l'ont bien étouffé, pour ne pas dire éteint.

II

A la Bertaudière.

Il y avait deux mois et demi juste que j'étais dans la seconde de la Chapelle, lorsque le 31 juillet, sur les trois heures après midi, je vis entrer dans ma chambre le major, accompagné de Ru et d'un autre visage qui m'était inconnu. Rosarges, après ses burlesques révérences, dont il n'était pas avare, me dit de m'habiller. « Quoi! lui dis-je, Monsieur, est-ce que ma liberté est venue? — Non, Monsieur, reprit-il, c'est un petit changement, par ordre de M. le gouverneur qui veut faire reblanchir votre chambre. » Pendant que je quittai ma robe de chambre pour m'habiller, les deux assistants du major se saisirent de mes hardes et lui me donna la main avec une gravité risible pour sortir de la chambre et descendre l'escalier. On me fit traverser la cour où je ne vis personne. Le major ouvrit la porte d'une autre tour, la Bertaudière, et après avoir monté environ vingt-cinq à trente marches, me fit entrer dans un lieu où on ne voyait goutte. Je voulus demander ce que j'avais fait à M. le gouverneur pour me mettre dans un lieu si affreux. Mais, sans vouloir me répondre un seul mot, on jeta mes hardes dans l'embrasure d'un créneau et on referma la porte sur moi.

C'était un petit réduit octogone, large d'environ douze à treize pieds et à peu près de la même hauteur. Tous les créneaux étaient bouchés, à la réserve de deux qui étaient grillés et fermés à l'intérieur d'un treillis de fil de fer fort serré. Comme c'était au travers de ce treillis que venait le jour, qu'il était encore fort obscurci par l'épaisseur du mur, qui de ce côté a dix pieds, il était si faible que, quand il entrait dans la chambre, il servait à peine à distinguer les objets et ne formait qu'un faux jour de sorte que très souvent, au mois d'août, il m'a fallu allumer de la chandelle pour m'éclairer à dîner. Les murs de la chambre étaient très sales. Ce qu'il y avait de plus propre, c'était un plafond de plâtre très uni et très blanc. Pour tout meuble, il n'y avait qu'une petite table pliante très vieille et rompue et une petite chaise de paille, si disloquée qu'à peine pouvait-on s'asseoir dessus. La chambre était si pleine de puces, qu'en un instant j'en fus tout couvert, et que mes habits en semblaient tout noircis. Pour me consoler de l'incommodité que me causaient ces insectes, Ru me dit dans la suite, que cela provenait de ce que le prisonnier qui venait d'en sortir, pissait sans façon contre les murs. Ils étaient tapissés des noms de quantité de prisonniers. Voici ceux que j'ai pu retenir : « Marc Linch, capitaine irlandais arrêté le 25 juin 1699 et amené ici sans savoir pourquoi »; Pierre Linck, de Lintz en Autriche; « Jean Castel, de Saint-Hippolyte dans les Cévennes, de la religion prétendue réformée, amené ici sans savoir pourquoi (1) »; François Doublet (2); F. Poirot, maître d'hôtel de M. le duc de Chevreuse et plusieurs autres qui me sont échappés de la mémoire.

Sur les sept heures, Ru m'apporta un petit lit de camp de sangles, un petit matelas, un traversin de lit garni de plumes, une méchante couverture verte toute percée et si pleine d'une épouvantable vermine que j'eus bien de la peine à l'en purger et une paire de draps blancs. Je puis protester que je fus assailli des quatre mendiants qui me firent beaucoup souffrir. J'aurais bien voulu les renvoyer dans les couvents, leurs véritables domiciles. C'était pour la première fois de ma vie que j'étais affligé de ces vilains hôtes et par la grâce de Dieu, ça été la dernière, car je n'en ai pas été incommodé d'un seul depuis, pendant toute la durée de ma prison.

Sur les neuf heures, Ru m'apporta un méchant souper et m'alluma ma chandelle, car j'en avais encore deux des quatre qu'il m'avait apportées la première fois. Il n'y avait

(1) Jean Castel (22 mai 1694, 6 mars 1695).

(2) François Doublet (18 août 1670, 4 septembre 1671).

point d'officier avec Ru, apparemment pour s'éviter les reproches que je n'aurais pas manqué de faire sur la mauvaise chère, sur ma chambre, qu'on appelle en ce lieu un cachot clair, et sur l'irrégularité de mes meubles. Je soupai très mal et je couchai encore plus mal; car outre mes hôtes qui me tourmentaient et qui ne me permirent pas de fermer l'œil de la nuit, la puanteur de la chambre était épouvantable. A chaque quart d'heure de la nuit, la sentinelle sonnait une cloche qui était si proche de ma chambre, que je croyais l'avoir dans mes oreilles, aussi bien que le qui va là des sentinelles qui hurlaient d'une manière épouvantable.

Le lendemain, au matin, Ru m'apporta mon pain et mon vin comme à l'ordinaire; mais il ne voulut pas m'écouter, ni me parler. Après qu'il eut fermé la porte et qu'il fut hors de la tour, je frappai au plafond pour avertir ceux qui étaient sur ma tête que je désirais avoir quelque communication avec eux. Je frappai également ceux qui étaient dessous moi, mais personne ne voulut me répondre. J'aurais été fort désœuvré sans mes pratiques de piété, que je redoublais autant qu'il m'était possible; car je n'avais du jour que deux ou trois heures tout au plus pour lire, appuyé sur les bords de mon créneau.

Ru vint seul m'apporter à dîner sur les deux heures. L'on avait beaucoup retranché mon ordinaire. J'avais, cependant, une bonne soupe aux croûtes, un morceau de bœuf passable, une langue de mouton en ragoût, et deux échaudés pour mon dessert. Je fus servi à peu près de la même manière pendant tout le temps que je restai en ce triste lieu. Quelquefois on ajoutait une aile, ou une cuisse de volaille; quelquefois deux petits pâtés, mais souvent, je me suis aperçu que Ru les croquait, par les fragments qui en restaient sur les bords du plat. Le soir, j'avais ou du veau ou du mouton rôti avec un peu de ragoût, quelquefois un pigeonneau, et quelquefois, mais plus rarement, la moitié d'un poulet et de temps en temps une salade. Je rendais les trois quarts de cela au porte-clefs; c'étaient ses profits, aussi bien que les pains entiers. Je désirais toujours communiquer avec quelqu'un. L'homme est né pour la société, et ma curiosité était pardonnable dans une solitude aussi funeste que la mienne. Les prisonniers qui étaient au-dessous de moi ne me répondaient pas. Ceux qui étaient sur ma tête me répondaient par des signaux, mais il n'y avait pas apparence de percer le plancher. C'était un plafond très blanc et très uni, où la moindre fracture aurait été trop visible. A force d'y rêver, j'inventai une manière de leur communiquer mes pensées tout à fait extraordinaire. Je formai un alphabet dans ma tête que j'exécutai sur la muraille en frappant avec un des bâtons de ma chaise. Par exemple, pour le mot de Monsieur, je frappai d'abord douze coups et puis je m'arrêtais un moment; pour l'o, j'en frappais quatorze et je m'arrêtais encore; pour l'n j'en frappai treize et je m'arrêtais de même; pour l's j'en frappais dix-huit et puis je m'arrêtais; pour l'i j'en frappai neuf et je faisais encore une pause; pour l'e je frappais cinq fois, après quoi j'attendais un moment, pour l'u j'en frappais vingt. Après quoi, une autre pause et enfin pour l'r je frappais dix-sept fois et puis je m'arrêtais, longtemps. A force de répéter une infinité de fois ce stratagème, ceux qui étaient au-dessus de ma tête le comprirent et ils me demandèrent de la même manière qui j'étais. Je leur dis mon nom. Ils me firent connaître qu'ils m'entendaient bien. Ils me dirent pareillement leur nom. L'un s'appelait le comte de Brederode (1), qui depuis a été amené dans ma chambre; l'autre, M. Stevenson (2), banquier anglais, qui demeurait dans le cul-de-sac de la rue Quincampoix et un abbé italien de qui je n'ai pu apprendre le nom. Comme il fallait une grande application et un grand silence pour mettre en

(1) Antoine Desaint de Brederode, ancien capitaine d'infanterie, était incarcéré pour sortilège et sorcellerie. Entré à la Bastille le 23 janvier 1703, il en sortit avec un exil à 30 lieues de Paris, le 10 décembre 1703. Brederode, protestant, avait été marié à Rouen avec la marquise de Boisroger par Antoine Sorel, curé de Léry. Plus tard, sa femme nia ce mariage qu'il ne put prouver faute d'acte. Il s'était enrôlé parmi les Chercheurs de trésor et se trouva compromis dans l'affaire de Marie-Anne de La Ville. (Ch. de Coynart. *Une Sorcière au* XVIIIe *siècle*.)

(2) A. Chester de Stevenson avait été accusé par son associé de l'avoir fraudé de 160 000 livres par actes notariés.

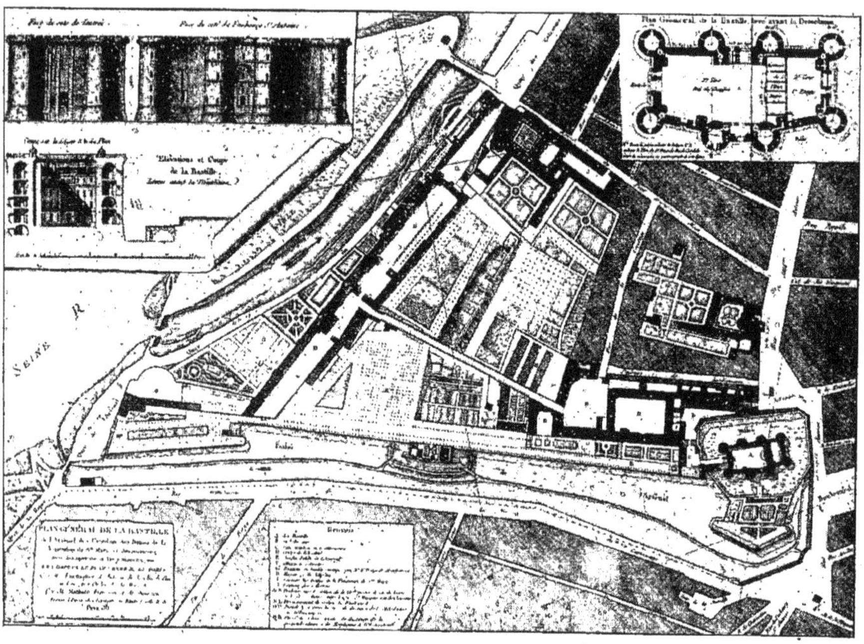

Plan général de la Bastille et du quartier de l'Arsenal (extrait par Mathieu du plan de Verniquet).
(Les élévations et coupes permettent de voir les diverses chambres des tours, les calottes et les cachots en sous-sol.)
(Bibliothèque Nationale. Estampes.)

pratique cette méthode de parler, nous ne commençions notre manœuvre qu'à dix heures juste du soir. Quand on m'eut donné un compagnon, je négligeai cette manière gênante de parler. Mais je fus fort surpris qu'après un si long temps, il vint de nouveaux prisonniers dans la tour où j'étais qui parlaient de cette manière avec une facilité et rapidité prodigieuse. Mon art avait été perfectionné. Ce n'est assurément pas M. le comte de Brederode, c'est donc par M. Stevenson, par l'Italien ou par quelqu'autre à qui l'un d'eux l'a communiquée, mais, dans la suite du temps, il y eut peu de prisonniers qui n'apprissent cet art. Il fut nommé la manière de parler du bâton. Les officiers le surent et cela fut d'un fort bon effet, car dans la suite, après la mort de M. du Juncas, ils ne furent plus si exacts d'empêcher les prisonniers d'avoir des communications, par les cheminées, au travers des planchers et par les fenêtres d'une manière plus commode, comme je l'expliquerai dans son temps.

Enfin, le vendredi 8 septembre, je fus fort surpris d'entendre ouvrir la tour avant quatre heures du matin et de voir Ru entrer dans mon cachot, chargé d'un lit de sangles. Après, il apporta une paillasse, un matelas, un travers du lit et une chaise enfoncée de paille, le tout tout neuf. Je lui demandai ce que cela signifiait. « C'est, dit-il, un compagnon qu'on va vous donner ; un brave garçon s'il en fût jamais. » Il ne l'avait jamais vu, car ce compagnon ne vînt que le lundi 11 septembre sur les huit heures du matin. Dès cinq heures, j'avais entendu un grand bruit dans la tour, monter et descendre, et les porte-clefs se donner bien du mouvement, quand je vis ouvrir ma porte et entrer un homme assez bien fait, mais en très mauvais état, qui vint me sauter au cou, disant que j'étais le premier homme qu'il avait vu depuis deux ans, excepté des guichetiers. « Vous faites bien de l'honneur à MM. les officiers de Vincennes de les traiter de guichetiers, reprit fièrement le major qui l'avait conduit, avec Ru, dans ma chambre. — Et moi, je dis, mon ami, que c'est l'honneur qu'ils méritent aussi bien que toi, car sous le ciel il n'y a pas de plus grands scélérats que ceux qui affligent des hommes par des supplices qui ne conviennent qu'aux damnés et dont les diables seuls devraient être les ministres. Vous êtes tous des canailles indignes de la vie. » Mon étonnement était extrême de voir un prisonnier dire si librement leurs vérités à des bourreaux qui avaient sur nous une autorité absolue. Le major, orgueilleux comme un paon, s'entendant tutoyer, sortit et fit refermer la porte sur le nouveau venu et sur moi, après avoir jeté ses hardes dans ma chambre. La première chose que nous fîmes, d'abord que nous fûmes seuls, ce fut de nous interroger mutuellement. Après avoir satisfait à sa curiosité du mieux qu'il me fût possible, il contenta la mienne abondamment, car il parlait beaucoup et il parlait bien. C'était un homme qui n'avait que trente-cinq ans et qui, cependant, en avait déjà passé vingt au service du roi. Il avait le visage mâle et ses cicatrices devaient faire rougir les juges qui enchaînaient si injustement sa valeur depuis deux ans entiers, par un pur motif d'avarice et pour la chose du monde la plus criante.

On avait mis en parti (1) la recherche de la noblesse, pour taxer les faux nobles et les relancer dans la roture, d'où ils s'étaient voulu désembourber par des voies illégitimes. Cela était juste, si les harpies de partisans n'avaient pas, par une injustice inouïe, confondu les vrais nobles avec les usurpateurs. Ils avaient obtenu un arrêt du Conseil qui ordonnait que tous les nobles représenteraient en original leurs titres, leurs extraits de baptême et les contrats de mariage de leurs pères et de leurs aïeux. Des copies collationnées sur les originaux et en bonne forme ne suffisaient pas. Il fallait les minutes, ce qui était proprement leur ordonner l'impossible, car les partisans avaient trouvé le secret de s'emparer de la plupart des originaux, et par conséquent étaient les maîtres de dégrader de leur noblesse la plupart des gentilshommes, et particulièrement ceux qu'on appelle campagnards. Mon nouveau compa-

(1) On appelait *mettre en parti*, mettre en adjudication, des rentrées d'impôts ou de droits soumissionnées par des *partisans*.

gnon était dans ce cas. Il s'appelait Jean Baptiste de l'Ormeau, seigneur de Falourdet, qui est une terre noble dans la paroisse de Pougy, bourg à quatre heures de Troyes en Champagne (1). Il prouvait sa noblesse par des titres authentiques de plus de quatre cents ans. Il avait découvert tous les originaux des contrats de mariage de ses ancêtres à la réserve de celui de son bisaïeul, qui était né à Anet, faute duquel on prétendait le dégrader de noblesse, quoiqu'il en eut une copie de parchemin en bonne forme. L'intendant de la province avait examiné ses titres et, ayant trouvé que cette pièce y manquait, on l'avait assigné par devant M. d'Argenson, subdélégué du Conseil pour juger de ces affaires. Il avait été chez les commis, que le même M. d'Argenson avait préposés pour en faire l'examen, lesquels lui avaient dit que s'il voulait donner une somme d'argent, ils le tireraient d'inquiétude et feraient confirmer sa noblesse par arrêt du Conseil. S'étant accommodé avec eux pour trente pistoles, ils l'envoyèrent à Anet chez les héritiers du notaire qui avait fait le contrat de mariage de son bisaïeul, pour en chercher l'original. C'étaient de bonnes gens qui vivaient à la campagne et qui, pour une légère somme, l'introduisirent dans un grenier où étaient toutes les paperasses du défunt notaire, dont ils avaient hérité, et l'y laissèrent seul à examiner ces vieux cahiers tant qu'il voulut. Il avait beau chercher chose, que les commis de M. d'Argenson eux-mêmes, qui y avaient été avant lui, avaient enlevé subrepticement. Quand il fut de retour, il leur raconta qu'il n'avait rien trouvé. C'est de quoi ils étaient prévenus. Ces commis d'iniquité l'adressèrent alors chez un vieux faussaire, âgé de plus de quatre-vingts ans, qui logeait rue Saint-Antoine

(1) De l'Ormeau de Falourdet ou Falourdel avait été transféré à la Bastille de Vincennes, le 11 septembre 1702. Il était impliqué dans l'affaire Debar. La Chambre de l'Arsenal le condamna à cinq ans de galère et il y fut conduit le 28 septembre 1702. Baluze et le cardinal de Bouillon se trouvèrent compromis pour usage de faux dans l'affaire Debar. (Archives de la Bastille, 10531. Bibliothèque de l'Arsenal. — Ravaisson. *Archives de la Bastille*, X, 287.)

Vue de la Bastille, de la Porte Saint-Antoine et d'une partie du faubourg.
Gravé par Rigaud. (Bibliothèque Nationale. Estampes.)

dans un coin de grenier, qui, pour une modique somme, contrefit le contrat de mariage de son bisaïeul, dans les mêmes termes qu'il était conçu et pareille écriture gothique qu'il inséra dans un vieux registre, où ce fidèle écrivain en avait fourré quantité d'autres, à la sollicitation des mêmes commis de M. d'Argenson. Ils firent attendre longtemps M. de Falourdet jusqu'à ce que le registre en question fut tout rempli. Après quoi, ils le renvoyèrent à Anet avec le faux registre dans ses chausses, chez les mêmes héritiers, qui l'introduisirent comme la première fois, dans le même grenier. Deux heures après qu'il y fut, il feignit d'avoir trouvé le registre qu'il cherchait. Ces bonnes gens en furent réjouis. Ils envoyèrent quérir un notaire, qui lui en délivra une copie, avec attestation que l'original était resté entre les mains des héritiers du notaire qui en avait enregistré la minute.

L'affaire fut mise au rapport de M. de Caumartin (1) qui ne put s'empêcher de lui donner gain de cause, quoiqu'il soupçonnât qu'il y avait quelque chose de caché, voyant tant de contrats de mariage passés à Anet quoique les partis fussent d'une province très éloignée, comme de Normandie, du Maine, de Bourgogne, d'Auvergne et d'autres provinces. M. de Falourdet découvrit tout le mystère à M. de Caumartin qui le renvoya dans sa province et écrivit à l'intendant de ne pas l'inquiéter. Il fit arrêter les commis, plusieurs faux nobles et le vieillard faussaire, qui eût été pendu, si la mort ne lui eût pas naturellement épargné la honte, en l'enlevant dans le château de Vincennes.

M. de Falourdet jouissait pleinement et paisiblement des privilèges de la noblesse dans sa terre, où il était depuis peu d'années marié à une aimable épouse, lorsque, étant à la chasse, à cheval, avec son valet, il se vit aborder par quatre cavaliers qui lui dirent qu'ils venaient le saluer

(1) Louis-Urbain Lefèvre de Caumartin (1653-1720), élève de Fléchier, successivement conseiller au Parlement, maître des requêtes, intendant des Finances et conseiller d'Etat. C'est à lui qu'on doit la conservation des *Mémoires* du cardinal de Retz et de Joly.

de la part des officiers de son régiment. Il les crut bonnement et les invita à l'accompagner dans son château, où il les recevrait de son mieux. Mais, étant auprès de lui, ils se jetèrent sur ses armes et lui firent entendre qu'il fallait les suivre chez M. de Caumartin. Ils lui protestèrent que rien ne lui manquerait, qu'ils avaient ordre de fournir à sa dépense, qu'ils le pourvoiraient abondamment de tout ce dont il pourrait avoir besoin, et que M. de Caumartin lui donnerait de quoi retourner chez lui. L'exempt et ses gardes lui tinrent leur promesse en le conduisant. Ils lui laissèrent ses armes pendant tout le voyage; ils le régalèrent bien; mais au lieu de le conduire à Paris chez M. de Caumartin, ils feignirent de vouloir passer par le château de Vincennes, étant auprès. Et étant dans la cour, ils lui déclarèrent que c'était là qu'ils avaient ordre de le laisser, en attendant nouvel ordre.

Il y resta deux ans avec quantité de compagnons infortunés qui y étaient pour la même affaire que la sienne et plusieurs autres pour d'autres sujets. M. de Falourdet était dans un premier étage, où il avait été mis, pour être plus à portée de se soigner parce qu'il avait été malade et avait pensé mourir. Il avait même la liberté de se promener dans un petit jardin qui donnait au pied de la tour.

Sur les dix heures du matin, le jour de son entrée, Ru apporta le pain et le vin. Il y avait un pain chapellé, tel qu'il m'en apportait d'ordinaire et un autre pain de la même grosseur, mais d'une pâte moins fine, avec une bouteille de vin de Bourgogne telle qu'il avait coutume de me la donner et une autre petite bouteille, tout au plus de demi-setier. M. de Falourdet lui demanda promptement pour qui était la petite bouteille, et Ru lui ayant répondu que c'était pour moi et la petite pour lui, il entra dans une fureur terrible. « Veux-tu, lui dit-il, que je te casse la tête? Apprends à me connaître. Va dire à ton gouverneur que s'il ne m'envoie pas une bouteille de vin pareille à celle de monsieur, que je m'en plaindrai avec éclat à mes juges, sitôt que je paraîtrai devant eux; que je ne leur répondrai pas qu'ils ne m'aient fait raison de cette injustice et que en attendant, il n'entrera pas dans la chambre, tant que j'y serai, une bouteille semblable à celle-ci que je ne la casse dans le moment contre le mur. » Ru lui répondit qu'il y avait différence de moitié de sa pension à la mienne, que le roi ne lui donnait que cent sols par jour. « Comment cent sols par jour! répondit-il. Ton maître me doit donner une perdrix ou l'équivalent à tous mes repas et du meilleur vin de la ville, et devrait faire chère de commissaire à monsieur pour sa pistole. » Ru allait sortir et lui laisser sa petite bouteille, quand M. de Falourdet se jeta dessus avec furie et lui en allait casser la tête, si je ne l'avais retenu. Je me mis devant. Je lui arrachai la bouteille des mains et je le priai d'accepter la mienne, que je garderais la petite pour moi. Ru reprit la petite bouteille et lui dit qu'il allait lui en rapporter une grosse; et dans le moment, il revint avec une bouteille semblable à la mienne. M. de Falourdet me fit entendre que, s'il n'avait usé de la même hauteur avec Bernaville à Vincennes, il l'aurait traité comme les malheureuses victimes qu'il avait réduit à un état déplorable et qu'il nourrissait plus mal qu'on ne fait les galériens de Marseille. Mais ce fut bien autre chose lorsqu'on lui apporta à dîner. On lui servait une méchante soupe, qui semblait n'être purement que de l'eau bouillie avec un morceau de bœuf plus sec que du bois, tandis qu'on me servait un ordinaire passable. De Falourdet entra dans des fougues terribles. Le porte-clefs décampa après avoir fermé la porte. Il n'y avait pas moyen de jeter les plats par les fenêtres. Il apostropha le gouverneur de la belle manière. Il frappa violemment à la porte malgré toutes mes oppositions. Pour conclusion, le major vint lui dire au travers de la porte qu'il serait mieux traité le soir et que, s'il voulait faire des violences, on savait fort bien les moyens de l'en punir. Je le consolai de mon mieux. Il s'adoucit. Nous nous accommodâmes de ma petite portion. Il garda la sienne entière pour la jeter à la tête du porte-clefs quand il entrerait. J'obtins encore qu'il n'en ferait rien, qu'il se contenterait de lui faire voir qu'il n'y avait pas touché et de lui dire qu'on ne devait pas traiter ainsi un homme de son mérite.

Le jour de son jugement fut, si je ne me trompe, le lundi 25 septembre 1702. Dès cinq heures du matin, le major vint l'avertir de se tenir prêt pour être jugé. Il me fit ses derniers adieux comme s'il eût dû mourir. Je retenais mes larmes pour l'encourager de mon mieux et lui protester qu'il en serait quitte pour la peur. Enfin, sur les dix heures du matin, le major, accompagné du capitaine des portes et de Ru, vint le faire sortir de notre antre. Je l'embrassai tendrement avant que de le laisser sortir. Je le vis arriver deux heures après et voici le récit qu'il me fit de ce qui s'était passé depuis notre séparation. A la sortie de notre chambre, le major le prit par un coin de son justaucorps, ce qu'il eut de la peine à souffrir. Au pied de l'escalier de la tour, il trouva plusieurs soldats armés, dont quelques-uns furent assez insolents pour l'insulter par des railleries tout à fait hors de saison. Tous ensemble se joignirent au major et sa compagnie, pour l'escorter jusqu'à l'Arsenal, où ils entrèrent par une petite porte qui a communication à la Bastille. On le fit passer par plusieurs appartements

Renneville transféré dans la calotte.

(*L'Inquisition française.*)

de l'Arsenal et enfin on le fit arrêter dans une grande salle toute remplie de laquais, huissiers, exempts et d'autre vermine semblable, où après l'avoir fait attendre pendant près d'une demi-heure, on l'introduisit dans une magnifique salle toute tapissée de juges qui semblaient collés contre le mur, enfoncés dans leurs fauteuils comme dans autant de niches, avec des robes d'écarlate et de grandes perruques dans lesquelles leurs têtes semblaient ensevelies. M. de la Reynie (1) présidait cet auguste sénat, assis sur une espèce de trône, et M. du Buisson, rapporteur, était assis à son côté droit, et tous les juges ensuite, à droite et à gauche de ce terrible tribunal. Aux pieds de M. de la Reynie était assis le greffier, avec une longue table devant lui couverte d'un grand tapis traînant à terre, aux deux extrémités de laquelle étaient debouts plusieurs huissiers avec leurs masses. Un huissier fit asseoir M. de Falourdet au milieu du parquet sur une petite sellette de bois, élevée d'un pied de terre. Il m'a juré depuis que dans l'instant, il fut pris d'un tremblement si terrible qu'il perdit toute connaissance et pensa tomber à la renverse. M. de la Reynie, qui s'en aperçut, le ranima par de douces paroles, aussi bien que M. du Buisson. Ensuite, un huissier distribua à chacun des juges un cahier, dans lequel apparemment était écrite la copie de ses interrogatoires. Alors, le président l'interrogea. Un des juges le reprit sur ce qu'il se donnait trop de mouvement en gesticulant sur sa sellette. « Hélas, dit-il, messeigneurs, si vous me l'ordonnez, je me mettrai à genoux et je me prosternerai même le visage contre terre. » Ce terrible acte fini, toute l'assemblée lui témoigna être contente de ses réponses et sans lui dire le succès de son affaire, on le fit relever et un huissier le conduisit marchant à reculons, le visage tourné du côté de ses juges, jusqu'à ce qu'il fut hors de la salle et dans l'antichambre où le major et sa séquelle

(1) Nicolas de la Reynie (1625-1709), président au présidial de Guyenne, maître des requêtes (1661), lieutenant de police (1667), conseiller d'Etat (1680), commissaire rapporteur, puis président de la Chambre ardente. Il abandonna en 1697 les fonctions de lieutenant de police.

l'attendaient, qui le ramenèrent dans ma caverne où il me fit le détail que je viens de rapporter, sur lequel nous raisonnâmes tout le reste du jour à perte de vue, car les hauts et bas des prisonniers sont étranges.

Après deux ans d'esclavage et de misère, l'heureux moment arriva qui devait terminer ses peines et le remettre en liberté. Ce fut le jeudi 28 septembre sur les sept heures du matin, que le major vint lui dire de s'habiller et que sa liberté était venue. Il pria instamment ce sobre officier de lui dire quel était son jugement et si on le renvoyait chez lui ou à la Grève. Il eut réponse que le gouverneur lui en allait dire des nouvelles. Je pris congé de lui les larmes aux yeux, ne sachant pas quel était son jugement. Notre séparation fut aussi tendre qu'elle eût pu être si nous avions vécus ensemble dès notre enfance. Un quart d'heure après qu'il fut sorti, Ru vint prendre son manteau qu'il avait oublié dans ma chambre et m'assura que M. de Falourdet avait la liberté de retourner chez lui y vivre tranquillement, ce qui me donna une grande consolation (1).

Je rendais grâces à Dieu, lorsque sur les huit heures du matin, le major vint me dire de ployer tout mon bagage et qu'il m'allait conduire dans une des plus belles chambres de la Bastille. Je ne me le fis pas dire deux fois. Ru, qui l'accompagnait, et un autre porte-clefs se saisirent de tout mon bagage. Je montai tout au haut de la tour, mais quel fut mon étonnement quand au lieu d'une très belle chambre, j'entrai dans une calotte. C'est une chambre octogone dont huit arcades qui aboutissent en calotte occupent la plus grande partie en sorte qu'on ne se peut promener qu'au milieu de la chambre et qu'on peut mettre un lit de camp dans l'intervalle des arcades. Il y a une avant-grille devant la fenêtre, au-dedans de la chambre; elle empêche qu'on ne puisse approcher de dix pieds, qui sont l'épaisseur du mur, de l'autre grille, qui est posée au dehors de la muraille, ce qui borne extrêmement la vue. Sans quoi elle

(1) Renneville, réduit aux informations qu'il recevait de Ru, a cru à l'acquittement de son compagnon qui partait pour les galères.

serait d'une vaste étendue, car malgré cet obstacle, on découvre une partie de Paris, on voit bien avant dans la rue Saint-Antoine, comme aussi les tours de Notre-Dame, les Invalides et encore bien au delà. Ce qu'il y a de plus incommode, c'est qu'en été il y fait une chaleur excessive et en hiver un froid insupportable. Toutes les calottes sont faites à peu près de la même manière. J'ai été dans celle de la tour du Coin qui est tout à fait semblable, excepté les vues : celle-ci regarde le soleil couchant, et l'autre le levant.

Je demandai au major si c'était le plus beau réduit de la Bastille, comme il me l'avait affirmé. « Oui, monsieur, me répondit-il, et tous ceux qui voudraient bien y être, n'y sont pas. — Et tous ceux qui y sont, lui répondis-je, voudraient bien n'y être pas. » Je trouvai dans cette calotte un jeune homme assis sur son lit, qui ne bougea pas du tout quand on entra dans la chambre. Lorsqu'ils m'eurent enfermé avec mon nouveau compagnon et que je me vis seul avec lui, je fus l'embrasser. C'était un grand jeune homme bien fait, de dix-neuf à vingt ans, mais fort triste et fort défait. Il était enveloppé d'une robe de chambre de satin rayé, doublée de taffetas vert. Je lui demandai d'où il était, mais il ne me répondit que par un *camet verstan*, ce qui me fit conjecturer qu'il était Allemand. Je lui demandai en mauvais hollandais, que j'entendais alors un peu, de quel canton d'Allemagne il était. Il me répondit qu'il était de Leipsick en Saxe. Je lui parlai latin. Il me répliqua dans la même langue. Il se trouva même qu'il savait, aussi bien que moi, la langue italienne. Son nom était Christian-Henri Linck, fils d'un médecin très riche de la ville de Leipsick (1). Il me raconta par quel malheur il était tombé dans ce funeste et misérable abîme. Son père, qui l'aimait tendrement, l'avait envoyé après ses études, dans toutes les Cours de l'Allemagne, puis en France. Il vint loger à Paris, chez M. Charras,

(1) Christian-Henri Linck, garçon apothicaire, né à Dantzig, d'après les écrous, entra à la Bastille le 5 septembre 1702 et en sortit avec un exil le 13 mai 1703.

apothicaire, fils du feu célèbre Moyse Charras, docteur en médecine, rue des Boucheries, au faubourg Saint-Germain. Ce jeune savant allait aux Écoles de médecine à Paris, aussi bien qu'aux hôpitaux, au Jardin royal des Plantes, et faisait ses exercices dans cette superbe ville, lorsqu'on le vint avertir de sortir du royaume où il n'était pas en sûreté par le trouble que la mort du roi d'Espagne mettait entre la maison d'Autriche et la France. C'est ce qui fit résoudre M. Linck et les autres Allemands de sa connaissance, au retour de la foire de Besons, où ils avaient été se divertir, d'aller à Versailles, trouver Madame, belle-sœur du roi (1) pour la supplier de leur faire connaître s'ils pouvaient rester en sûreté à Paris. Elle leur fit entendre qu'ils n'avaient rien à craindre, mais que pour plus grande assurance, elle le voulait savoir du roi même, et dans le moment elle le fut trouver pour ce sujet; et peu de temps après, elle vint les assurer, qu'ils étaient les maîtres d'y demeurer sûrement et qu'elle les ferait avertir, de la part de Sa Majesté, quand ils devraient se retirer. Cependant, dès le lendemain, sans attendre plus loin, après leur retour de Versailles, ils furent pour la plus grande partie arrêtés à Paris. Huit jours auparavant, M. Anschutz, aussi Saxon (2)

René de Voyer de Paulmy, marquis d'Argenson.
Portrait dessiné par P. Baveret (1718).
(Bibliothèque Nationale. Estampes.)

(1) Madame, dite princesse Palatine, seconde femme de Philippe d'Orléans.

(2) Christophe Landré, dit Anschutz, fut incarcéré à la Bastille le 30 août 1702. Il était fils du bourgmestre de Heidelberg. On l'accusait d'espionnage. Il fut transféré à Charenton le 21 août 1706.

et quelques autres Allemands avaient aussi été emprisonnés mais on croyait que c'était pour dettes, et on n'en prenait aucun ombrâge.

Ce fut le 5 septembre, jour de la naissance du roi de France, que sur les quatre heures du matin, on vint frapper à la porte de M. Linck. Il ouvrit et fut surpris de voir entrer trois ou quatre visages inconnus et de très mauvaise apparence, qui lui demandèrent s'il ne s'appelait pas M. Linck et s'il ne connaissait pas M. Anschutz. Il leur fit entendre, par M. Charras qu'il fit monter, qui il était, et la relation qu'il avait avec M. Anschutz. Ils lui dirent qu'ils venaient de sa part, lui proposer, que comme M. Anschutz lui devait de l'argent, qu'il lui avait prêté depuis peu, et dont il ne lui avait donné aucune reconnaissance, il désirait lui en donner des assurances, pour s'en faire payer par ses parents, et si il ne voulait pas bien monter en carrosse pour l'aller trouver à ce sujet. Lui, qui ne se doutait pas du piège que ces filous lui tendaient, leur témoigna qu'il était prêt de les suivre. Il fut fort étonné de voir qu'ils commencèrent par faire l'inventaire de ses meubles et de s'en mettre en possession en même temps. Après quoi, ils le firent descendre et monter en carrosse. M. Charras voyait cette injustice avec douleur, sans oser s'y opposer. Sitôt qu'il fut entré dans le carrosse, on le ferma de tous les côtés sans y laisser que très peu de jour. L'exempt était à sa droite dans le fond, deux pousse-culs sur le devant, et les autres sur le derrière et à côté du cocher, car il y en avait plusieurs qui étaient restés dans la rue devant la maison de M. Charras. Lorsqu'ils tinrent leur proie, ils firent toucher promptement au funeste colombier, où en débarquant, ils ne manquèrent pas d'observer la cérémonie de lui mettre leur chapeau devant le visage. Ainsi donc, à tâtons, sans savoir où on le menait, il fut conduit dans le gîte où nous étions tous les deux et dont j'ai déjà fait la description. Il commençait à sommeiller, lorsque sur les onze heures, il entendit bruire les verroux dont le tintamarre lui fit croire qu'il allait voir entrer tous les diables dans sa caverne. Mais il se remit un peu, quand il vit qu'il en était quitte pour voir entrer Ru portant une table et une chaise avec une chandelle allumée, suivi de deux autres hommes chargés de meubles consistant en un lit de sangle. Une paillasse, un matelas, un travers de lit, deux couvertures, deux draps et deux serviettes, le tout tout neuf et le capitaine des portes portant son souper, composé d'un morceau de mouton rôti froid et d'un pain d'une livre.

Comme il n'avait ni bu ni mangé de toute la journée, la première chose qu'il fit fut de couvrir sa table, de s'y asseoir et de dévorer ses victuailles. Après quoi, il se coucha et dormit de toute son âme. Il était enseveli dans un profond sommeil, lorsque sur les trois heures du matin, il fut réveillé par un bruit épouvantable. Il y avait quelques réjouissances en campagne, qui firent tirer le canon de la Bastille et les boîtes que, en ce temps-là, et longtemps après, on rangeait sur la plate-forme, d'où on les a descendues dans le jardin parce qu'elles crevaient les voûtes, comme elles firent ce matin-là, que le pauvre M. Linck en pensa être tué. Le canon roulait sur sa tête, entre eux il n'y avait que l'épaisseur de la voûte. Les boîtes, par leur effort, crevèrent cette voûte droit sur sa tête et firent tomber à un pied de son lit, une quantité prodigieuse de pierres. Sur les sept heures, on lui apporta un pain et demi-setier de vin. Il fit voir à Ru les pierres éboulées qui avaient manqué écraser son lit. Mais Ru ne répondit qu'avec de grands éclats de rire. Enfin il demeura sans savoir où il était ni ce qu'on lui voulait, jusqu'au 11 septembre, qu'on lui amena pour compagnon, le nommé Varin de Rennes en Bretagne, gros homme assez bien fait, et qui était un des commis de M. d'Argenson (1), poursuivi pour sa friponnerie, en l'affaire des nobles et auquel, si on avait rendu justice, on aurait fait faire une périlleuse cabriole. Il apprit à M. Linck, parce qu'il savait parler latin, qu'il était à la Bastille, que le canon qu'on avait tiré le 6 du même mois était en action de grâces de quelque victoire qui, apparem-

(1) Salomon Varin était un des commis de d'Argenson compromis dans l'affaire Debar. Transféré de Vincennes à la Bastille le 11 septembre 1702, il fut acquitté par arrêt du 26 septembre et libéré le 27.

ment, avait été remportée par les Français et, qu'indubitablement, on l'avait arrêté parce qu'il était étranger et que la guerre était déclarée entre l'Empire et la France. Dans les conversations qu'ils eurent ensemble, M. Linck ſit connaître à Varin que la chose qui lui ſaisait le plus de peine,

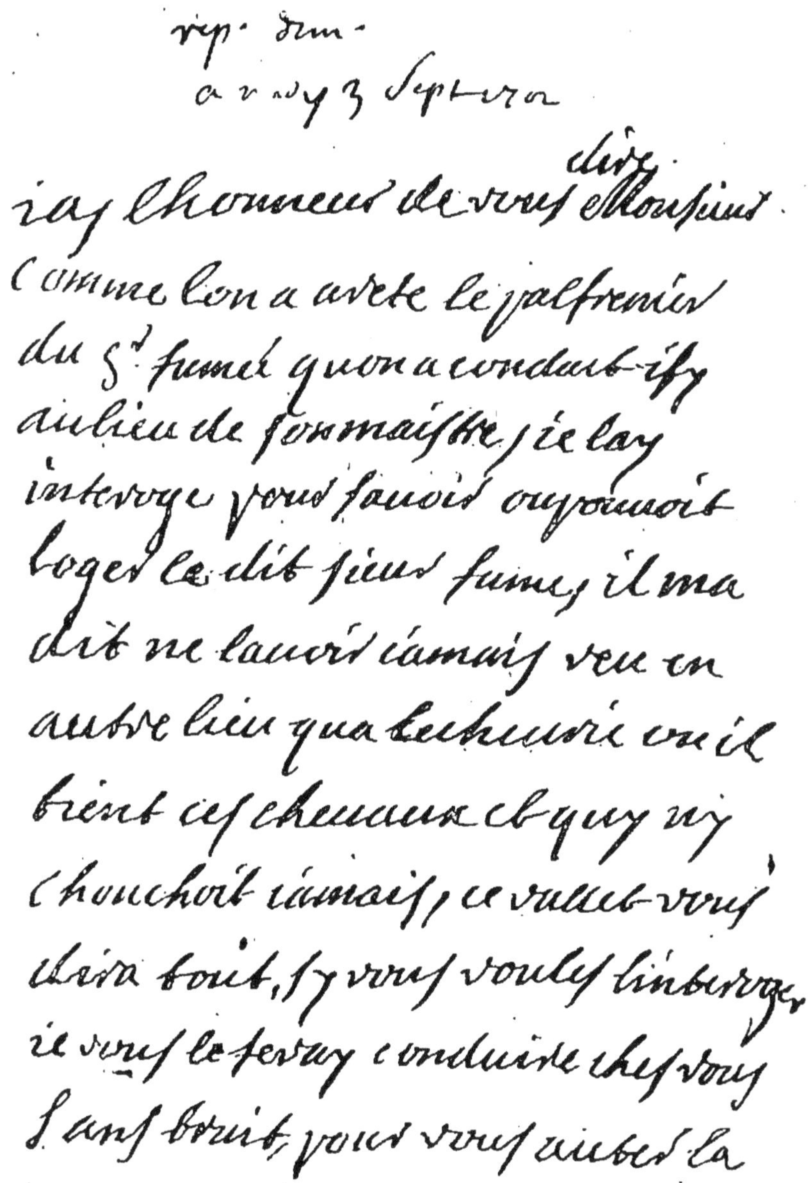

rep. dem.
a r. ... 3 Septembre

iay lhonneur de vous dire Monsieur
comme lon a arete le palfrenier
du Sr fumel quon a conduit icy
aulieu de son maistre, ie lay
interroge vous sauois ou pouuoit
loger le dit sieur fume, il ma
dit ne lauoir iamais veu en
autre lieu qua lechurie ou il
tient ses cheuaux et quy ny
couchoit iamais, ce vallet vous
dira tout, sy vous voules linterroger
ie vous le ferray conduire chez vous
sans bruit, pour vous aubert la

Autographe de Saint-Mars. (Archives de la Bastille.)

La suite de la lettre est à la page suivante.

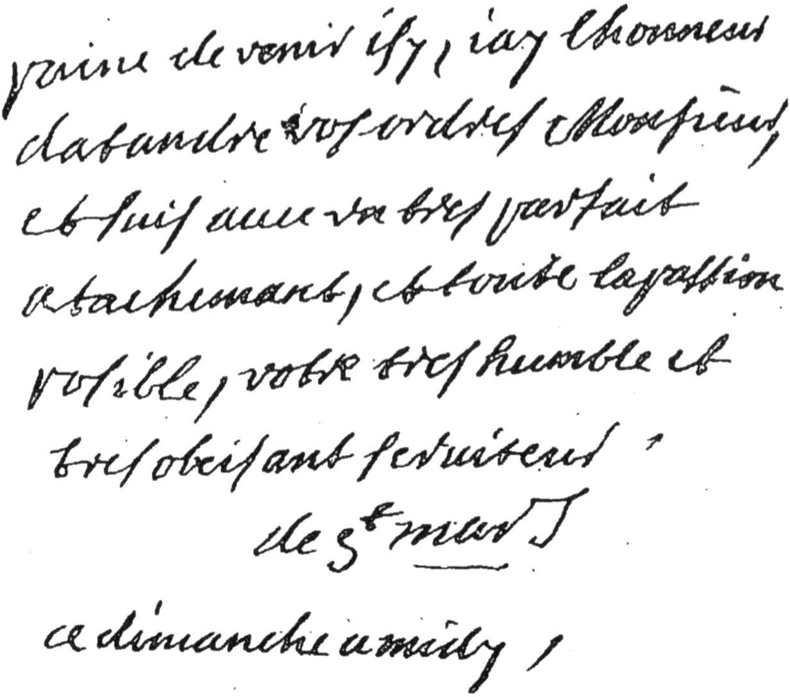
peine de venir icy, iay lhonneur
datandre vos ordres Monsieur
et suis auec un tres parfait
atachemant, et toute la passion
possible, votre tres humble et
tres obeisant seruiteur
de St Mars
ce dimanche a midy

c'était une maîtresse qu'il avait laissée à Stuttgart, qu'il aimait passionnément. Il lui fit voir une bague qu'elle lui avait donnée, dans l'anneau de laquelle elle avait fait graver son nom, et qu'il avait dérobée à l'avarice de ses détrousseurs parce qu'il la portait toujours attachée sur son cœur. Varin convoita la bague, qui, selon ses bons principes, en valait la peine et le voyant fort désireux de faire savoir de ses nouvelles à Stuttgart à sa maîtresse, et à son père à Leipsick, pour lequel il avait une vénération toute particulière, il lui promit de leur écrire à tous les deux le jour où il serait sorti, et qu'il leur enseignerait les moyens de lui procurer sa liberté, mais que, comme il craignait d'oublier le nom de Mlle de Vicque qui était gravé dans la bague, il était nécessaire qu'il la lui prêtât pour s'en servir pour mettre son adresse sur la lettre, qu'il lui devait écrire; et que dans le moment qu'il aurait sa liberté, à laquelle il allait travailler incessamment, il lui rendrait sa bague dont il faisait une si grande estime, à cause de la main qui la lui avait donnée. M. Linck, qui aurait accordé sa peau pour faire savoir de ses nouvelles à son père et à sa maîtresse, et sortir de l'horrible gouffre où il était, donna sa bague à Varin, mais je doute fort qu'il se soit acquitté de ses commissions et encore plus qu'il ait rendu la bague à M. Linck après qu'il a été mis en liberté.

Varin fut jugé le même jour que M. de Falourdet, mais loin d'avouer ingénument à son compagnon qu'il avait été mis sur la sellette, il fit entendre à M. Linck que ses juges ne l'avaient fait entrer dans leur assemblée que pour lui faire de grandes excuses sur ce qu'ils l'avaient si longtemps retenu prisonnier. Cependant, le major nous dit après qu'il en avait été quitte pour être banni. Ce qu'il y a de particulier, c'est que pendant tout le temps que ce Varin fut à la Bastille, on eut pour lui des égards tout extraordinaires. Il fut nourri délicieusement, on lui servait du gibier le plus fin, les mets les plus délicats, les vins les plus exquis et on le promenait tous les jours sur la terrasse et dans le jardin. Pourquoi? Parce que ce criminel appartenait à M. d'Argenson. Enfin, ce Varin sortit le 27, M. de Falourdet le 28, jour que je fus mis avec M. Linck.

Le premier service que me rendit M. Linck fut de me couper la barbe avec de vieux ciseaux tout rouillés qu'il avait trouvés dans la poussière de son réduit qui, sans doute, n'avait pas été balayé depuis deux ou trois ans. L'on ne m'avait pas rasé depuis que j'étais à la Bastille, ce qui faisait que ma barbe me servait de cravate. Il me la coupa avec tant d'adresse qu'il aurait été difficile à un habile barbier de le faire plus proprement avec un bon rasoir. J'ai déjà fait connaître que ce pauvre enfant avait été mis à la petite bouteille et comme, par conséquent, il était à la petite portion, je lui enseignai le secret de se faire mettre à la grosse. Il m'avait fait entendre qu'il était puissamment riche. Je lui conseillai donc de donner cinq écus à Ru. Il le fit avec plaisir et Ru, pour nous témoigner sa reconnaissance, nous avertit qu'il fallait gagner Corbé; que, comme il était extrêmement intéressé et que M. Linck avait de fort belles bagues, il fallait qu'il lui en fit présent d'une et que dans le moment, non seulement on lui accorderait la grosse portion et la grosse bouteille, mais encore Corbé nous mettrait dans la plus belle chambre de la Bastille et nous obtiendrait, de son oncle, la liberté de faire venir de la ville pour notre argent, tout ce que nous voudrions. M. Linck y consentit de tout son cœur. Ru eut ordre de faire monter Corbé à notre calotte. Il reçut le présent avec des révérences qui me firent croire qu'il s'allait disloquer tout le corps. Malheureusement, il n'en fit rien. Ce présent était un beau saphir accompagné de six diamants, le tout des plus brillants. Il promit la grosse portion et la grosse bouteille et M. Linck l'eut dès le jour même, aussi bien que la permission de faire venir de la ville tout ce qu'il voudrait pour son argent. Pour moi, on me dit qu'il me fallait un ordre de la Cour et, comme je n'avais pas de bagues, quoique Corbé m'en ait escroqué dans la suite une fort jolie, je n'ai jamais pu obtenir ce privilège. Il nous demanda un peu plus de temps pour nous mettre dans une des plus belles chambres de la Bastille, « parce que, disait-il, pour en faire sortir ceux qui y sont, il faut que je prenne mon temps pour leur faire une querelle d'Allemand et le faire trouver bon à mon oncle. Si j'étais le seul maître ici, tout irait le mieux du monde; mais je ne fais pas tout ce que je veux, il s'en faut bien. En attendant, demandez-moi ce que vous voudrez, tant que j'aurai de l'argent à vous, rien ne vous sera refusé et vous serez servi honorablement. »

En effet, aux dépens de la bourse de M. Linck, nous fîmes très bonne chère. Pigeons, chapons, gibier, entremets, pâtisserie, desserts, vins de Champagne et de Bourgogne, ratafia, rien ne manquait. Nous ne touchions presque pas à l'ordinaire de la Bastille. Sitôt que Ru eut l'ordre d'acheter à M. Linck tout ce qu'il lui demanderait, — ce qui fut fait sans restriction, lorsque M. Tourton, fameux banquier de Paris, vint, par ordre du père de M. Linck, dire aux officiers de la Bastille qu'il répondait généralement de tout ce qu'on lui donnerait, sans limitation, — Ru pluma le pauvre pigeonneau d'une manière exorbitante. Il lui voulut faire passer du vin à six sols au plus la bouteille pour vin de champagne à vingt sols, de méchantes pommes qui auraient rebuté les cochons les plus délicats pour des pommes de rennettes; des petites châtaignes pourries pour des marrons du Mans; de vieilles poules dures pour des gélinottes du Cotentin, ainsi de toutes choses, ce qui nous obligea à faire avec lui un règlement fort nécessaire, et qui, en remplissant son avarice, pouvait mettre sa conscience en repos, supposé qu'il en eût. C'est que M. Linck lui dit, en présence de Corbé, qu'il lui permettait de lui compter les choses au double de ce qu'elles valaient à condition de les choisir toutes des meilleures. Corbé trouva la proposition trop avantageuse et trop raisonnable pour ne pas prendre ce parti. Il fit entendre qu'il s'acquitterait mieux des achats que Ru, qui était trop embarrassé pour le faire exactement, qu'il laisserait à Ru le détail des petites provisions, tandis que lui se chargerait des grosses. Il est raisonnable que tout le monde vive. Il nous promit que, dès le soir même, il nous enverrait une douzaine de bouteilles de vin de Champagne, un dindonneau et un plat de gibier de son choix et qu'il laisserait à Ru le soin d'acheter le dessert qu'il prétendait être tout du meilleur. Il s'acquitta ponctuellement de sa promesse. Nous eûmes du vin délicieux, tel qu'il en croît aux Roncières. Le gibier répondait au bon vin et, pour le coup, Ru acheta un très bon dessert, quoique outré que Corbé l'eût supplanté dans sa principale négociation, se flattant sans doute de réparer cette disgrâce à la première occasion. Comme les jours maigres, on nous donnait encore de très bons légumes et de très bon poisson, M. Linck ne faisait acheter que du vin et du dessert.

Dans ce temps-là, nous découvrîmes que la fameuse Mme Guyon (1) était dans la troisième chambre de notre tour, d'où, à la fin, ses parents, qui étaient très considérables, la firent sortir et obtinrent sa liberté à condition qu'ils ne la laisseraient parler à personne, comme Ru nous

(1) Jeanne-Marie Bouvier, veuve de Jacques Guyon, nièce de Champoulet et du Chesnay, d'abord enfermée dans une communauté des environs de Paris, incarcérée à Vincennes, puis transférée à la Bastille le 4 juin 1698. Elle prétendait avoir des révélations divines et composait des écrits de piété. Elle voulait « attirer dans la voie d'oraison des gens de la Cour ». Elle sortit de la Bastille le 24 mars 1703 avec un exil dans les terres de son fils, à Blois.

l'affirma. Nous avions trouvé le secret de l'humaniser, en ajoutant aux présents fréquents des flots de vin et de ratafia. Il ne nous cachait rien. M. Linck, à qui j'apprenais à parler français, ce qu'il faisait avec une rapidité merveilleuse, lui donnait la question et quand il voyait qu'il faisait difficulté d'avouer, un verre de vin ou de ratafia donné bien à propos empêchait Ru de persister dans son silence.

Enfin, le 21 novembre 1702, un mardi matin, Corbé, accompagné de Reilhe, notre chirurgien, vint nous annoncer l'agréable nouvelle que nous allions sortir de notre calotte, pour entrer dans une des plus belles chambres de la Bastille. Nous l'en remerciâmes dans des termes des plus gracieux et, sur les onze heures, Ru, assisté de deux autres porte-clefs, vint prendre nos meubles pour les transporter dans notre appartement où Corbé vint nous conduire et nous laissa fort satisfaits de notre changement. On me donna mon linge, qu'il y avait six mois Corbé avait fait venir de Versailles, ce qui me fit un plaisir indicible, car je n'avais pas changé de linge depuis mon emprisonnement.

Cette chambre est une des plus belles de la Bastille, s'il est vrai que l'on puisse trouver de la beauté dans une prison. C'est la troisième de la cour dite du Coin, elle est octogone, comme le sont presque toutes les chambres des tours, haute de treize pieds avec un beau plafond bien uni et bien blanc, large environ de vingt pieds environ sur tous les sens. Elle a une grande cheminée qui fume rarement. Il y avait autrefois deux très belles croisées, mais M. du Juncas avait fait boucher celle qui donnait du côté de la ville. On montait à celle qui reste ouverte par trois marches, depuis l'extrémité desquelles elle est exhaussée jusqu'au plafond. Le haut en est fermé par un châssis arrêté et le bas par un châssis volant de la hauteur de six pieds, que l'on ôte et que l'on remet comme on veut, derrière lequel il y a trois grilles de fer, dans l'épaisseur du mur, dont les barreaux sont de la grosseur du bras. Au travers de ces barreaux, on a une très belle vue qui regarde sur la porte et le boulevard Saint-Antoine bien avant dans le faubourg et s'étend à droite et à gauche bien au delà de la Maison des Jésuites. Nous avions encore, par cette fenêtre, la commodité de voir tous ceux qui entraient dans le jardin de la Bastille que l'on a pratiqué sur l'un des boulevards de la porte.

Après que nous eûmes arrangé nos meubles, ce qui fut bientôt dépêché, et fait nos grabats, on nous apporta notre dîner passablement bon. A peine nous étions-nous mis à table, lorsque nous entendîmes ouvrir notre porte et nous vîmes entrer un homme que Ru nous amena dans un état pitoyable. On ne pouvait le regarder sans frémir. Il était tout déguenillé. Son chapeau était tout percé et à peine paraissait-il avoir été noir. Il nous dit dans la suite qu'il y avait deux ans qu'il lui servait de chapeau et de bonnet de nuit. Il ne lui restait plus que quelques cheveux attachés à la coiffe de sa perruque qui était si grasse qu'on ne pouvait en discerner le réseau. Il nous affirma qu'il y avait deux ans qu'il n'avait été peigné. Une vieille manche de chemise toute déchirée lui servait de cravate et était blanche comme le corps de la cheminée. Son justaucorps était tout en lambeaux, quoiqu'il fût soutenu de plus de cent pièces. Sa chemise, aussi noire que sa cravate, sortait par plus de trente endroits de sa culotte qui n'en avait plus la forme. Le plus grand morceau de ses bas n'était pas plus large que le pouce. Les semelles de ses souliers, toutes percées, ne tenaient au-dessus que par des cordes, et dans la suite, ayant eu le temps d'examiner de plus près ce dessus, nous reconnûmes qu'il n'y avait plus un seul morceau de leur première constitution et que tout était composé de débris de vieux gants. Toutes les pièces qui soutenaient l'économie de cette machine étaient cousues avec du fil de toute sorte de couleurs. Son visage, quoique gros et boursouflé de misère, était tanné et défait et couvert d'une barbe mousse et grise, à peu près comme on peint celle de saint Pierre. Sitôt que nous vîmes cette effrayante figure, nous nous récriâmes d'étonnement en demandant à Ru ce que nous voulait cet homme. « Messieurs, nous dit-il, c'est un compagnon que M. le gouverneur vous prie de souffrir avec vous, qui ne vous incommodera pas longtemps. » Je me levai pour faire civilité à l'arrivant et je lui présentai une chaise, car nous en avions trouvé quatre dans notre nouvel appartement. Ru nous protesta que M. le gouverneur nous saurait très bon gré de notre honnêteté, prit congé de nous et referma la porte.

Nous voulûmes faire mettre notre nouveau compagnon à table, mais il nous dit qu'il avait dîné. Nous le fîmes approcher du feu, car on était venu nous en allumer un fort grand, une heure après notre entrée dans notre chambre. Il nous jura qu'il y avait deux ans qu'il n'avait pas vu de feu, ce qui nous surprit extraordinairement, ne pouvant pas prévoir que je serais sept ans sans approcher d'autre feu que celui de la chandelle. Je lui présentai deux petits pâtés qu'il avala sans mâcher, en nous disant que c'étaient de très bons gâteaux, n'en ayant pas senti la viande. Je lui servis de même une aile de poule, dont le pauvre homme ne fit qu'un article. Il but trois ou quatre verres de vin avec une avidité extraordinaire. Il ouvrait les yeux sur notre table avec un étonnement qui m'en fit deviner le sujet, ce qui me fit lui demander ce qu'il avait mangé à son dîner. « Hélas, reprit-il, Monsieur, un peu de soupe d'eau bouillie et environ deux onces de viande pire que celle qu'on donne aux soldats. Il y a deux ans que ces Messieurs ici me font mourir de faim, mais je sors d'une chambre où il y a des prisonniers plus maltraités que moi et un plus misérable cent fois, puisqu'il a perdu son esprit. Il y a plus de sept ans qu'il est tout nu, sans chemise, et sans un bonnet pour couvrir sa tête, et si je n'eusse secouru un pauvre malheureux qu'on lui a donné pour compagnon, il allait éprouver le même sort et tomber dans une terrible frénésie, car lorsque j'entrai dans leur chambre, il en avait déjà les terribles atteintes. »

Lorsque nous l'eûmes fait chauffer et plus que suffisamment boire et manger, car l'avidité avec laquelle il le faisait, nous faisait craindre qu'il ne s'incommodât, et que nous eûmes dit en deux mots qui nous étions, nous lui demandâmes son nom et celui de sa patrie. Il s'appelait

Jacob Berthon, de la ville de Châtellerault en Poitou, fils d'un fameux médecin qui lui avait laissé un bien considérable pour vivre honorablement (1).

Un samedi soir, comme nous allions nous mettre à table, on fit descendre M. Jacob Berthon et, une heure après, on nous le ramena tout pâle et tout tremblant. Quand le porte-clefs eut refermé la porte sur nous et que nous eûmes fait revenir notre compagnon stupéfié par un cordial de champagne, nous lui demandâmes d'où venait sa peur et son émotion. « Pour ma peur, nous dit-il, elle est légitime, car je viens de voir le diable et mon émotion est toute des plus justes, car je viens d'apprendre que je vais sortir de l'enfer. En descendant, au pied de l'escalier, j'ai trouvé le major qui m'a donné la main comme à une mariée. Après l'avoir salué, je lui ai demandé ce qu'il me voulait, mais sans vouloir me donner de réponse, il m'a conduit dans une grande salle où j'ai trouvé M. d'Argenson, assis le dos au feu, devant une grande table, autour de laquelle, devant lui, étaient debout plusieurs personnes qui me sont, pour la plupart, inconnues. Ce ministre était revêtu de sa robe magistrale, ce qui m'a fait vous dire que j'avais vu le diable, car s'il n'est pas plus méchant que lui, du moins est-il tout aussi laid et tout aussi noir. Il a écrit quelque temps sans lever les yeux sur moi pendant qu'un autre homme, aussi en robe noire, que j'ai appris être M. Camuset, commissaire de la Bastille, était debout devant lui, sans branler non plus qu'une statue. Dans un des coins de la chambre était un petit homme qui écrivait sur un bureau, et j'ai appris dans la suite que c'était le greffier. Corbé était debout, chapeau bas, les yeux baissés, de même que le capitaine des portes et quelques autres. Tout

(1) Jacob Berthon, fils d'un médecin huguenot de Châtellerault, sorti du royaume en 1687, avait servi contre la France et pris part notamment à la bataille de Fleurus (1690). Fait prisonnier de guerre, envoyé à Troyes, puis à Alençon, il fut amené à la Bastille le 22 avril 1701. Il avait dans le diocèse de Poitiers des parents bons catholiques et influents. A la fin de 1702, ils s'offrirent à lui servir de caution. Le 30 décembre, il fut mis en liberté pour se rendre à Chatellerault et se faire instruire dans la religion catholique.

à coup le magistrat s'est levé et, me regardant d'un air à donner au moins la colique, il m'a dit brusquement : « Que fais-tu ici? — Hélas, Monseigneur, ai-je dit, je souffre et je jeûne beaucoup. — Es-tu dans la résolution de persister dans les erreurs du calvinisme? a-t-il repris. — Ne vous a-t-on pas dit, Monseigneur, qu'il y a deux ans que je demande à en faire l'abjuration? lui répondis-je. — Oui,

La Bastille (côté du faubourg).

Pendant que le beau monde au long de ces murailles
Fait valoir son crédit à la faveur du cours,
De pauvres malheureux rêvent leurs funérailles
Dans le triste séjour de ces obscures tours.

(Bibliothèque Nationale. Estampes.)

dit-il, mais tu n'étais pas encore bien converti. — Ah! Monseigneur, la Bastille est capable seule de convertir tous les démons de l'enfer, lui ai-je dit. — Il est question d'un autre fait, a-t-il continué en le prenant d'un ton plus haut, je veux te faire pendre, car tu mérites la corde. » A ces paroles, je crus que tous mes os se disloquaient pour se servir d'étuis les uns aux autres. « N'as-tu pas servi les ennemis de Sa Majesté et ne t'a-t-on pas pris les armes à la main contre ton roi, à la bataille de Fleurus? — Il est vrai, Monseigneur, que m'étant retiré en Hollande à cause de ma religion et ne trouvant point d'emploi, je fus contraint de prendre parti dans les troupes de Hollande, mais ils n'avaient pas de guerre alors contre le roi et, quand elle a été déclarée entre Sa Majesté et les États-Généraux, je voulus me retirer, mais on ne voulut pas m'accorder mon congé et je fus forcé de servir malgré moi, puisque l'on m'aurait puni comme déserteur, mais j'ai servi depuis en France et j'ai eu part à l'amnistie que le roi a accordée à tous les Français qui ont porté les armes contre lui. — Cette grâce du roi, reprit-il, ne s'est pas étendue jusqu'à toi. Ainsi, tu es digne de mort et prépares-toi à en recevoir l'arrêt. » L'air menaçant, dont il prononçait ces paroles, m'a fait croire qu'il disait vrai et, jugez de ma peur, je me suis jeté à genoux en pleurant, et lui disant que le roi était le maître et que je désirais miséricorde. « Il te fait grâce, m'a-t-il dit, mais aux conditions que tu te feras de la religion romaine. Peux-tu ici me donner caution de ta promesse? — Il y a dans cette ville, dans la rue des Lombards, un riche marchand banquier qui porte mon nom, qui peut-être ne me refusera pas la grâce de me cautionner, lui dis-je. Sinon, mon frère, qui demeure à Châtellerault, le fera, je crois, volontiers. Si des intérêts de famille l'en empêchaient, je suis persuadé que mon beau-frère, qui est un des plus fameux avocats de Poitiers, le fera de bon cœur. » Il a pris l'adresse de toutes ces personnes. Après quoi, il m'a dit : « Retourne à ta chambre et y prie bien Dieu pour Sa Majesté, le plus clément de tous les rois, qui te fait grâce. Songe à vivre à l'avenir en bon et fidèle sujet. » A peine le pouvions-nous faire revenir de son tremblement. M. Linck ne songeait qu'à le faire largement boire pour le congratuler de sa prochaine liberté, pendant que je songeais à profiter de sa sortie pour faire savoir de mes nouvelles à ma très chère épouse et procurer la liberté à M. Linck.

Voici comment je m'y pris. M. Linck avait dans un livre quantité de papier blanc qui n'était pas imprimé. Je m'en servis pour écrire à mon épouse, à mon fils, à MM. de Chamillard et de Torcy et plusieurs autres de mes amis, mais ces lettres n'ont jamais été rendues à leur adresse, apparemment par la timidité de M. Berthon, à qui les officiers ne manquèrent pas de dire, comme ils font à tous ceux qui sortent de leurs griffes, que s'il donnait de nos nouvelles dans le monde, il serait remis à la Bastille pour le restant de ses jours et même, ils font faire serment de ne rien révéler de ce qui se passe à la Bastille, avec des menaces terribles, en cas de contravention. C'est apparemment ce qui a empêché M. de Falourdet, mon premier compagnon, de mettre à la poste celles que je lui avais données pour les mêmes personnes. M. Linck fut plus heureux. Ses lettres furent tenues par l'aumônier du résident du Danemarck à Paris, qui connaissait particulièrement M. Linck, et par Mlle Skingre, qui était une fille allemande, à qui Madame faisait une pension et qu'elle tenait sous sa protection. M. Linck promit 200 louis à cette demoiselle, si elle pouvait le faire sortir de prison, ce qui lui serait facile en allant trouver Madame à Versailles et en lui remontrant l'injustice qu'on lui avait faite en l'arrêtant, lui et les autres Allemands, le lendemain du jour que cette grande princesse leur avait donné la parole du roi, son frère, qu'on ne lui ferait aucune injure, et qu'ils pourraient demeurer à Paris jusqu'à l'ordre que Sa Majesté leur ferait donner de sortir du royaume.

Nous cousîmes toutes ces lettres dans les guenilles de M. Berthon, entre la doublure et le dessus de son justaucorps et nous prîmes toutes nos mesures pour qu'il en pût au moins sauver quelques-unes.

Enfin, le bienheureux moment de la sortie de M. Jacob Berthon arriva le soir à neuf heures et demie, un samedi, 30 décembre 1702. On nous apporta notre ordinaire après qu'il fut sorti, pour se donner la barbare satisfaction de le mettre dehors sans souper; même nos cruels bourreaux trouvaient mauvais que nous présentassions du vin à ce pauvre homme, qu'ils traitèrent avec la dernière inhumanité. Ils le mirent dehors sans souliers et sans avoir voulu permettre à M. Linck de lui en faire faire à ses dépens. Il le gratifia d'un billet pour aller chez M. Tourton y prendre l'argent dont il avait besoin pour se mettre en état de retourner chez lui et le conduire à Châtellerault. Ce bonhomme était si transporté et si tremblant, tant la joie d'être libre l'avait saisi, qu'il ne put jamais nous dire une seule parole, excepté qu'après que nous l'eûmes embrassé tendrement, il se retourna devers nous, quand il fut sorti de la chambre, pour nous dire : « Adieu, mes chers Messieurs, priez Dieu pour moi. »

Nous fîmes une fête de sa sortie qui dura tout au moins une octave tout entière, et certainement M. Linck avait bien raison de s'en réjouir, car sans cela, il courait grand risque de demeurer jusqu'à la paix dans cette maudite caverne à voleurs; et la sortie de M. Berthon et son industrie procurèrent, non seulement sa liberté, mais encore celle de M. Nitzschwitz (1) et de quelques autres Allemands, pour lesquels M. Linck alla puissamment solliciter Madame lorsqu'il fut mis en liberté.

Le 18 janvier 1703, on nous amena un prêtre de taille moyenne et d'une mauvaise physionomie. Il avait la carrure d'un portefaix, les yeux rouges, le teint assez frais. Ses regards affamés se fixèrent sur les restes de notre dîner que nous lui donnâmes. Bientôt nous vîmes en lui un homme méchant, sans éducation, sans pudeur, sans sentiment. C'était Antoine Sorel, curé de Léry (2). Son impudicité, son extravagance attristèrent Linck. « Ah! Dieu, me dit-il, quel compagnon nous a-t-on donné ! C'est un diable plutôt qu'un prêtre. » Je le consolai le mieux qu'il me fut possible. Sorel nous conta ses aventures avec une impudence qui nous inspira le plus grand mépris pour lui. Ses méchancetés, ses trahisons, nous le firent haïr et craindre. Cependant, notre amitié, à M. Linck et à moi, croissait tous les jours. Le soir, comme nous nous chauffions à notre aise du bois qu'il faisait abondamment acheter, nous entendîmes par notre cheminée des voix confuses de prisonniers au-dessous

(1) Le baron Charles de Nitzschwitz, originaire de Saxe « accusé d'espionnage et de maquerelage », avait été incarcéré à la Bastille le 11 septembre 1702. Il en sortit le 18 avril 1704.

(2) Antoine Sorel, curé de Léry, était à la Bastille depuis le 6 avril 1702. Il était accusé d'avoir distribué de mauvais livres et d'avoir fait des mariages entre protestants prohibés par les ordonnances royales. Il fut mis en liberté le 12 septembre 1715 A la Bastille, il se donnait le nom d'abbé de la Mothe.

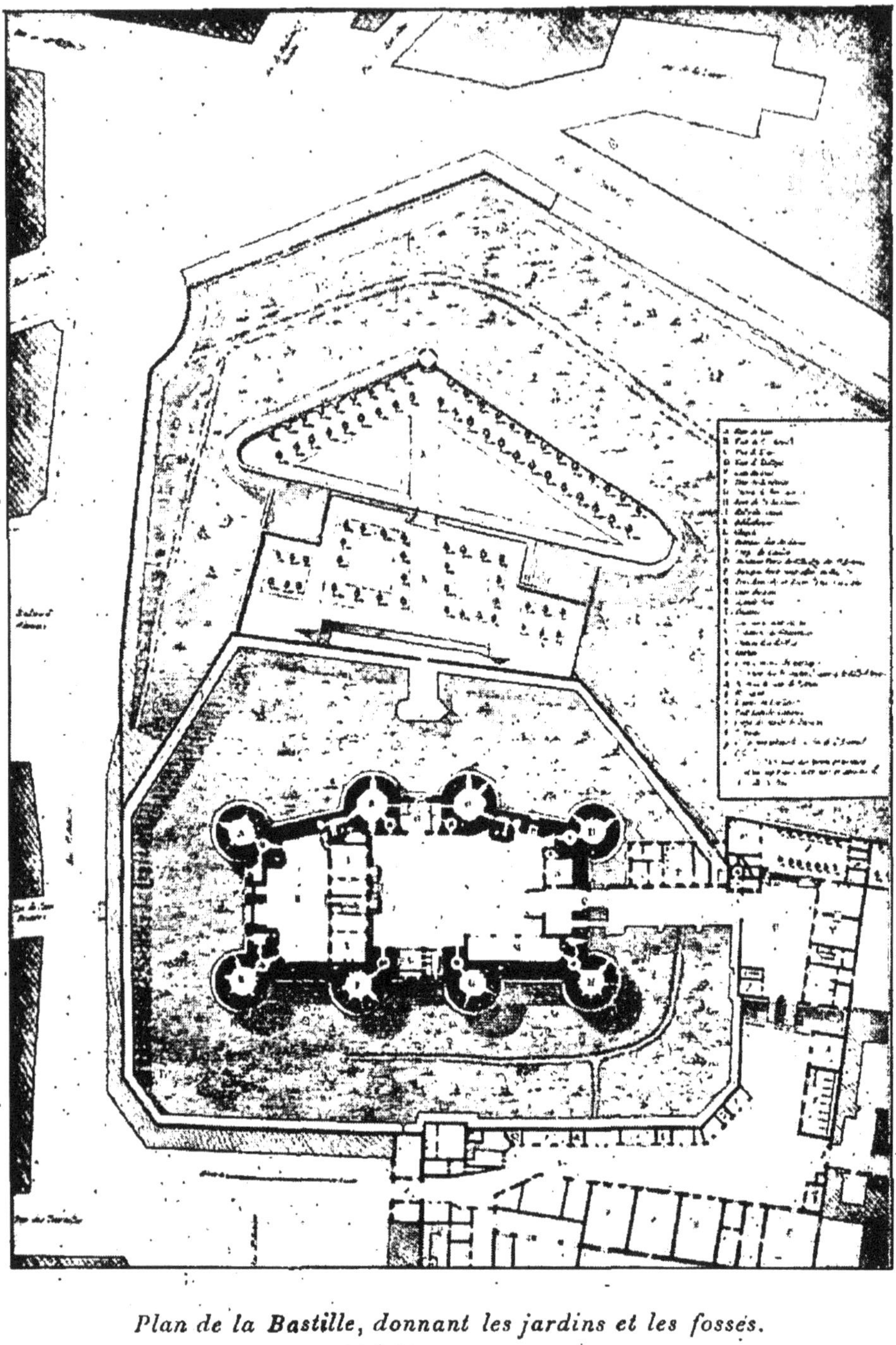

Plan de la **Bastille**, *donnant les jardins et les fossés.*
(Aquarelle. Bibliothèque Nationale. Estampes.)

de nous. Nous nous hasardâmes à percer la cheminée et, avec les ficelles des bouchons des bouteilles de Champagne, qu'on nous apportait du cabaret toutes coiffées, nous descendîmes un billet à nos voisins. Ils l'arrachèrent, aussi bien que notre ficelle, avec une violence dont nous ne pouvions deviner la cause. Nous en écrivîmes un autre qui n'eut pas un meilleur succès. Nous leur disions qui nous étions et nous les priions de trouver bon que nous puissions nous consoler mutuellement, mais ils ne voulurent nous faire aucune réponse. Nous fîmes notre trou plus grand, ce qui nous fit entendre distinctement ce qu'ils disaient. Je distinguai la voix d'un nommé M. Pouilloux, gentilhomme du Poitou (1), les autres étaient : le nommé Jean Bonneau, médecin, fils d'un ministre d'Aubusson, en Auvergne (2), Mathias du Walle, pilote irlandais (3), et Jean Genuy, serrurier de Paris (4). Nous connûmes facilement que M. Pouilloux, qui était d'humeur fort douce, avait beaucoup à souffrir avec les trois autres, dont deux étaient fous et le troisième paraissait être un anthropophage épouvantable. L'envie, que j'avais cependant de parler à M. Pouilloux, me fit hasarder de leur parler par notre trou, mais je fus fort

(1) Les Archives de la Bastille ne reconnaissent pas à Pouilloux le titre de gentilhomme. Il est vrai que les geôliers en étaient fort chiches. D'après elles, Samuel Pouilloux était marchand de profession. Incarcéré en mai 1696 à Vincennes comme coupable de religion protestante réformée et d'espionnage », il était condamné à la prison perpétuelle par commutation de la peine de mort. Il fut transféré de Vincennes à la Bastille le 3 juillet 1699. Il y mourut le 16 juin 1704.

(2) Jean Bonneau, proposant (étudiant en théologie réformée), entré le 22 mai 1700, fut transféré à Charenton comme faible d'esprit le 5 mai 1705. Il y mourut après avoir reçu les sacrements.

(3) Mathias du Walle, complice de Marc Lynch, qui avait formé le projet de brûler l'arsenal de Portsmouth en pleine paix. Auparavant, Walle avait proposé au prince d'Orange de brûler la flotte française de Bretagne sans avoir dessein d'exécuter ce plan. Lui et Lynch s'étaient fait délivrer une commission par le roi du Maroc. Incarcéré à la Bastille le 26 juin 1699, du Walle en sortit le 12 octobre 1712.

(4) Jean-Roland Genuy, serrurier, de la paroisse Saint-André-des-Arts, prophète ayant des visions, fut incarcéré à la Bastille le 20 septembre 1700. Il ne pouvait supporter la vue des prêtres. Transféré à Bicêtre le 3 septembre 1703, il fut mis en liberté en 1715, pour l'avènement de Louis XV.

surpris d'entendre M. Pouilloux qui me conjura de boucher bien notre trou qui nous ferait tous aller au cachot, s'il était découvert; qu'il avait autant d'envie que moi de me parler, mais qu'il avait des raisons invincibles qui l'en empêchaient. Nous suivîmes son conseil, et nous jugeâmes bien qu'il y avait quelqu'un parmi eux assez traître et méchant pour nous découvrir.

Le premier jour d'avril 1703, on nous donna un terrible poisson d'avril. Nous pensâmes être étouffés. On avait donné aux prisonniers qui étaient sous nous, à la seconde chambre, de la paille pour mettre dans leurs lits. Ils avaient vidé leur vieille paille dans un caveau, pour s'en servir quand ils voudraient faire chauffer quelque chose pour leur usage. Genuy, dont le crime était d'avoir été en Hollande réformer sa religion, et être retourné à Paris par un zèle immodéré pour y réformer M. l'Archevêque et tout son clergé, soit qu'il aimât mieux être étouffé, soit qu'il voulut se venger d'un pilote irlandais, nommé Mathias du Walle, qui le maltraitait tous les jours, soit enfin par folie, feignit après dîner d'aller aux lieux et mit le feu dans la paille. Comme il n'y avait aucun jour, ni aucune ouverture dans le cachot, quand le feu eut pris dans la paille, la fumée en sortit bientôt à gros torrents. Notre chambre, la première, la quatrième et même la calotte, en furent remplies en un instant, en sorte que nous ne pouvions respirer. Je laisse à juger en quel état étaient les prisonniers de la seconde chambre. Vainement frappions-nous à la porte et appellions-nous la sentinelle. A la fin, on vint ouvrir aux prisonniers de la seconde chambre. On emporta M. Pouilloux et M. Bonneau à moitié étouffés. Pour nous et les autres chambres, on nous laissa avaler la fumée tant et plus. L'odeur en dura plus de trois jours dans toute la tour, et plus de huit dans la seconde chambre, ce qui indubitablement avança la mort de M. Pouilloux qui était un homme de mérite; car les officiers eurent l'inhumanité de faire rentrer, le même jour, les quatre prisonniers dans leur chambre, quoiqu'elle fût toute pleine de fumée et que le feu fut encore dans la paille qu'il leur fallut éteindre. Plus de seize mois après, j'ai été dans cette chambre. L'odeur de la fumée était encore dans le caveau, quelque peine qu'ils eussent pris de l'en purger, et la chambre en était restée toute noire. Quand le soir nous nous plaignîmes aux officiers de ce que l'on nous avait laissé suffoquer jusqu'à vomir le sang et qu'ils virent notre chambre encore toute pleine de fumée, ils nous dirent que nous n'avions rien souffert en comparaison des autres, que M. le gouverneur voulait absolument que l'on laissât étouffer les quatre prisonniers de la seconde chambre, sans la considération qu'il avait pour M. Pouilloux, qui était d'une douceur et d'une affabilité exemplaires.

Le samedi suivant, 7 avril, veille de Pâques, M. d'Argenson fit descendre M. Linck, sur les sept heures du soir, pour l'interroger. D'abord qu'il entra dans la salle et qu'il eut salué avec frayeur, ce Minos lui demanda avec une fierté brutale, en lui parlant par toi, ce qu'il était venu faire à Paris. M. Linck répondit qu'il était venu pour étudier la médecine et satisfaire à la curiosité qu'il avait de voir la plus belle ville de France. M. d'Argenson lui dit qu'il savait bien le contraire et qu'il avait découvert les intrigues qu'il avait avec les ennemis de la France et surtout avec le roi de Pologne qui l'avait envoyé à Paris. M. Linck lui dit qu'il n'avait pas d'autres relations avec les ennemis du roi que celles que lui donnait sa naissance ; qu'étant Saxon, il était sujet du roi de Pologne comme duc de Saxe; mais que son père était assez riche pour le faire voyager sans avoir recours à la médiation de son souverain. M. d'Argenson, l'entendant répondre si judicieusement, prit un ton plus radouci et plus civil, et, après lui avoir ordonné de prendre une chaise, il l'interrogea sur toutes les babioles qu'on lui avait saisies, qui, la plupart, regardaient sa profession, avec autant de précaution que si il y avait eu un mystère caché sous ces simples. M. Linck lui expliqua les vertus et les propriétés de chaque racine, de chaque graine, de chaque plante, avec une netteté et une érudition qui le surprirent et dont il parut charmé; mais il le fut encore davantage quand les officiers lui affirmèrent qu'il ne savait

Une arrivée de prisonnier à la Bastille.

1. Carrosse amenant le prisonnier.
2. Grande porte de la Bastille.
3. Petite porte de la Bastille.
4. Cours de la Bastille.
5. Premier corps de garde.
8. Maison du gouverneur.
10. Fenêtre par laquelle le gouverneur regarde les arrivants.
16. Second corps de garde.

Placard publié à l'époque des Convulsionnaires (1730).

(Bibliothèque Nationale. Estampes.)

pas un mot de français quand il entra à la Bastille et que c'était moi qui lui avais appris à le parler en si peu de temps. En le renvoyant dans notre chambre, il le pria de se tranquilliser et lui dit qu'il pouvait être assuré que ses affaires prenaient un bon train et, se tournant devers le commissaire Camuset : « Monsieur, lui dit-il, il faut que vous veniez demain continuer l'interrogatoire de M. Linck », et sur ce que le commissaire s'excusa sur la sainteté du jour de Pâques. « Vous savez, lui répliqua-t-il, que cette affaire ne souffre point de remise puisqu'il y a un ordre positif du roi de l'expédier. Ne manquez donc pas d'y revenir lundi prochain. » Lorsque M. Linck, de retour sur les neuf heures, m'eût fait une relation exacte de ce qui s'était passé, j'en conclus que sa liberté prochaine était infaillible et, comme il n'y avait nul moment à perdre, je m'empressai d'écrire à mon épouse, à M. le marquis de Torcy, à M. de Chamillard et à mes amis, pour solliciter ma liberté. Le curé ne manqua pas d'écrire à sa famille pour le même sujet. Il fut trois ou quatre jours à composer une lettre qui était impayable. Si M. Linck en avait retenu une copie, comme il me l'avait promis, j'en réjouirais le public, car rien n'était plus risible.

Le lundi des fêtes de Pâques, le commissaire ne manqua pas de faire encore descendre sur les sept heures du soir M. Linck qu'il interrogea seulement pour la forme. Il lui fit bien des civilités, le régala même d'une collation où le vin de Bourgogne ne manquait pas. Tout cela sentait bien le branle de sortie, dont je congratulai mon ami à son retour, dans des termes qui partaient du fond du cœur. Il n'y avait que notre prêtre, qui en paraissait chagrin, car l'ombre de la prospérité de son prochain suffisait pour l'attrister tant il avait l'âme belle, outre qu'il pensait bien qu'il fallait dire adieu au bon vin, au gibier et à la bonne chère.

Le jeudi 12 avril, on fit encore descendre M. Linck pour contrôler toutes ses drogues et en faire des essais devant l'apothicaire de la Bastille en présence de M. d'Argenson et du commissaire, cérémonie fort mystérieuse, mais à mon avis, fort inutile, qui ne servait qu'à persuader aux étrangers, qu'en France, tout se fait avec circonspection. L'apothicaire était si ignorant qu'il ne connaissait ni la nature, ni les propriétés de plusieurs simples qu'avait M. Linck, pas même ce que c'était que le soufre d'antimoine et à quel usage on pouvait l'employer. Plus le terme de la sortie de M. Linck approchait et plus les brutalités de notre curé semblaient redoubler. M. Linck avait cousu toutes nos lettres dans son justaucorps, dans l'intention de les remettre ponctuellement à leur adresse. Un jour, ce prêtre, après une profonde rêverie où il paraissait enseveli, se leva brusquement et vint dire à M. Linck de lui rendre ses lettres, qu'il voulait les brûler puisqu'il était très persuadé qu'il ne les rendrait pas. M. Linck eut beau l'assurer du contraire. Le curé poussa la folie jusqu'à le menacer de frapper à la porte, pour appeler les officiers qui contraindraient M. Linck de lui rendre ses lettres. Il fallut donc que M. Linck eût la patience de découdre son justaucorps pour lui obéir. Le curé les déchira et les jeta au feu. Il me rendit aussi les miennes et je feignis de les déchirer et je jetai dans le feu d'autres papiers que j'avais promptement disposés pour ce sujet. Je rendis adroitement mes lettres à M. Linck qui les mit dans son justaucorps, lorsqu'il le recousit, sans que le prêtre s'en aperçut. Le lendemain, au matin, l'abbé suppliant se jeta à genoux devant M. Linck pour le conjurer de lui permettre d'écrire d'autres lettres. M. Linck jura qu'il ne se chargerait pas de ses lettres, qu'il ne m'eût engagé par ses prières à en faire d'autres. Autres génuflexions sacerdotales devant moi. Mais ce fut vainement qu'il m'en pria : je protestai que je n'en ferai rien; mais je priai sincèrement M. Linck de permettre à ce bon compagnon de misère d'écrire d'autres lettres et je lui demandai très instamment en grâce de les remettre à leurs adresses. J'en usais ainsi, parce que je connaissais la jalousie de ce méchant homme qui aurait mieux aimé que ses lettres n'eussent pas été tenues que de souffrir que M. Linck emportât les miennes qu'il croyait brûlées.

Enfin, l'heureux moment de la sortie de M. Linck arriva, un dimanche 13 mai 1703. Le matin, on nous fit descendre, le prêtre et moi, et l'on nous interrogea tous deux séparément. M. du Juncas me conjura de lui dire sincèrement, comme bon serviteur du roi, ce que je croyais de M. Linck. Je lui protestai que je le croyais innocent et que c'était un des plus honnêtes hommes, et des plus craignant Dieu que j'eusse pratiqué de ma vie. Corbé vint nous reconduire dans notre chambre, qui fut surpris autant que nous de n'y plus retrouver M. Linck.

Après avoir caché toutes ses hardes sous son lit, il s'était fourré dans la cheminée où il était monté comme un ramoneur, pour nous faire croire qu'on l'était venu enlever pendant notre absence. Lorsqu'il entendit l'agitation où était Corbé de ne point le trouver, il se laissa glisser de la cheminée dans la chambre, et alla embrasser Corbé en riant de tout son cœur. Il dit ce qui l'avait porté à nous faire cette plaisanterie. Corbé ne fit que rire. Nous en rions aussi, lorsque le major, passablement ivre à son ordinaire, entra, suivi de Ru. Ils dirent à M. Linck de s'habiller; que sa lettre de cachet était venue, que M. Charras l'attendait dans la cour avec un carrosse et que M. le gouverneur ne lui avait pas envoyé son dîner, parce que M. Charras lui avait affirmé que des amis de M. Linck l'attendaient avec un repas qui lui ferait plus de plaisir que tous ceux qu'il avait pris à la Bastille. Ce cher enfant fit tout ce qu'il put pour m'obliger à accepter toutes ses hardes, qu'il me voulait donner, et voyant que je me contentais de ses livres et que je refusais absolument le reste, il en fit présent, en la présence des deux officiers, au prêtre et à Ru. Il avait donné, il n'y avait pas longtemps, un manteau d'écarlate tout neuf à ce dernier, pour l'engager à nous faire du bien, et à faire donner au curé, tout méchant et insupportable qu'il était, la grosse bouteille à ses repas au lieu de la petite où il était réduit. Quoique je versasse incessamment rasade de vin au major, dont M. Linck nous avait abondamment pourvus, il ne cessait de presser M. Linck de sortir, lui remontrant que M. Charras l'attendait dans la cour du château, où il ne savait pas qu'il avait son propre frère enfermé depuis très longtemps et qui y a été six ans six mois (1), sans que M. Charras ni sa famille eussent pu découvrir ce qu'il était devenu.

Rien n'a pu me consoler, dans la suite de ma prison, de l'absence de mon ami, que le plaisir de le savoir libre. Il m'a écrit depuis que Dieu m'a rendu ma liberté pour m'apprendre qu'en sortant de notre chambre, on le conduisit dans la salle, on lui fit faire serment qu'il ne dirait rien de ce qui se passait à la Bastille et surtout, qu'il ne nommerait jamais aucun de ceux qui y étaient retenus. Ensuite, on lui fit signer une reconnaissance comme on lui avait rendu tout ce qui lui appartenait, quoiqu'ils lui eussent retenu ses bijoux les plus précieux, sans compter son argent, et des sommes considérables que Corbé lui fit payer deux jours après sa sortie. Ru fut aussi lui porter son déloyal mémoire. Il nous dit que M. Linck l'avait payé sans en rabattre un liard, l'avait fort régalé de chocolat, ratafia, pâtés, vins de toutes sortes; mais qu'il avait eu l'insolence de ne lui présenter que trois misérables louis comme à un croquant, pour le récompenser de toutes les peines qu'il avait prises pour lui, mais qu'une autre fois il ne se fierait plus aux prisonniers. « Comment, lui dis-je, Ru, ne comptez-vous pour rien tout l'argent qu'il vous a donné dans la prison, celui que vous avez gagné sur ses mémoires, son manteau d'écarlate et toute sa dépouille? » Dès le lendemain que M. Linck fut parti, Sorel, pour trois ou quatre onces de tabac, donna à Ru pour plus de dix écus de très beau linge et de nippes dont M. Linck lui avait fait présent en lui disant adieu, et ne se réserva que quelques chemises de dessous et une robe de chambre. « Et qu'est-ce que cela? me dit Ru. Bagatelles! Un prisonnier raisonnable, quand il sort d'ici, nous donne tout au moins trente louis. Et ce n'est rien en comparaison du règne de M. de Bésemeaux. Quand on arrêta les empoisonneurs, il y eut un prisonnier

(1) François Charras, fils de l'apothicaire, fut incarcéré le 21 novembre 1699 « pour avoir communiqué à l'aumônier du roi d'Angleterre un projet d'attenter aux jours du prince d'Orange ». A la Bastille, il abjura le protestantisme le 1er août 1703 et il en sortit le 19 mai 1706.

qui donna jusqu'à dix mille francs à un porte-clefs pour lui porter une simple lettre d'où dépendait sa vie ou celle de quelqu'autre personne de qualité. Il y a un porte-clefs qui, en sortant d'ici, a acheté une bonne terre de quatre-vingt mille francs avec une bonne charge qui le fait vivre en grand seigneur. Mais le temps n'en est plus, car le gouverneur d'aujourd'hui est un barbare qui garde tout pour lui. Au temps où je vous parle, il y a eu tel prisonnier qui est sorti avec plus de mille écus. S'il voulait changer son vin en argent, on le lui payait à dix sols la bouteille, car il n'entrait à la Bastille que du vin de Champagne et de Bourgogne. Ce n'était pas de la ripopée comme celui d'aujourd'hui, du vin de Bréquigny qui fait danser les chèvres. Tous les repas, dont un prisonnier voulait se passer, lui étaient payés à quinze sols chacun. En ce temps-là, un seul repas valait mieux que dix de ceux que je vous donne et suffisait pour nourrir un homme tout un jour, même fort grassement. L'or roulait ici, parmi les prisonniers, comme aujourd'hui fait la misère. Il y avait des particuliers qui s'y faisaient mettre exprès pour faire bonne chère et s'y bien divertir. »

Il est vrai, que lorsque j'étais à la Cour un Irlandais pria instamment la reine d'Angleterre de le faire mettre pour trois ou quatre ans seulement à la Bastille pour racommoder ses affaires. Il ne tiendrait pas le même langage aujourd'hui s'il savait comment on y est traité, car très sincèrement si l'on me donnait le choix de la Bastille ou de la mort, je ne balancerais pas un seul moment à préférer la terrible des terribles aux cruautés dont les impitoyables tyrans de la Bastille accablent leurs malheureuses victimes. Ce que me disait alors Ru m'a été depuis confirmé par des officiers et par plusieurs anciens prisonniers avec lesquels j'ai été, qui étaient à la Bastille sous le gouvernement de M. de Bésemeaux. Tous les officiers et les porte-clefs surtout faisaient des coups considérables. L'or y était plus commun que ne l'est aujourd'hui la paille dans les cachots puisque j'y fus quatorze jours sans paille et couché sur le limon et la bave des crapauds. Bien loin que les porte-clefs y fassent aujourd'hui fortune, j'ai vu et tous les prisonniers avec moi l'ont vu, que le nommé Mazurier, porte-clefs donné à Bernaville par sa bonne maîtresse, Mme la Maréchale de Bellefonds (1), a pourri dans un affreux cachot pour avoir pris vingt-cinq pistoles d'un comte pour lui porter une lettre en ville. Tout ce que ce pauvre homme avait légitimement gagné fut confisqué par Bernaville (2) qui, après l'avoir tenu trois mois dans le cachot de la tour de la liberté au pain et à l'eau sans paille, l'a fait enfermer à Bicêtre pour le reste de ses jours. Michel, le capitaine des portes, l'âme damnée du gouverneur, pour avoir trempé dans l'affaire de Mazurier, eut un sort tout pareil. Ce lâche Irlandais s'acharnait avec plus de fureur sur ses compatriotes pour prouver au Gouverneur que les lois les plus sacrées n'étaient pas capables de retenir sa main sanguinaire. Il a exercé plusieurs fois sur un cordelier irlandais le châtiment rigoureux des coups de nerf de bœuf. Le bourreau ne craignait pas de mettre ses mains sacrilèges sur un prêtre, et le tyran avait l'impiété de l'ordonner quoiqu'ils fussent tous deux catholiques romains et que même Bernaville passât dans le monde pour un saint. Ils ont fait devenir fou le pauvre cordelier à force de le maltraiter et l'ont enfermé à Bicêtre pour le reste de ses jours. Il n'y a point de supplice si cruel, dans tout ce qui est rapporté dans le martyrologue que ce que Bernaville et Michel

(1) Le maréchal Gigault de Bellefonds (1630-1694) avait épousé Madeleine Fouquet, dame de l'Armor, fille d'un président au Parlement de Rennes.

(2) Charles de Fournières, sieur de Bernaville, était gouverneur de Vincennes avant 1701. A la mort de du Juncas (29 septembre 1706), il fut désigné pour le remplacer et un an plus tard, (le 28 septembre 1707), Pontchartrain lui promettait le gouvernement de la Bastille, lui recommandant d'avoir soin que les prisonniers soient bien nourris et traités avec douceur, d'empêcher cependant qu'ils ne pussent avoir aucune correspondance au dehors, ni écrire des lettres. A la mort de Saint-Mars, Bernaville obtint le gouvernement de la Bastille, 12 novembre 1708. Un an plus tard, l'évasion de de Bucquoy lui causa la plus vive émotion. « Je ne puis, écrivait-il à Pontchartrain, vous dire l'affliction des officiers et la mienne. Nous sommes tous au désespoir. Pour moi, j'ai été deux nuits sans dormir et quasi sans manger et à marcher tout le jour. »

ont fait souffrir à M. Garry, capitaine irlandais, pendant onze ans qu'il a été à la Bastille (1). De ses onze années de prison, il en a passé neuf dans les cachots, réduit au pain et à l'eau, très souvent sans paille et quelquefois dans l'eau jusqu'au cou. Quel était son crime? Il était fidèle serviteur de Guillaume. Le nommé May, un autre porte-clefs, pour avoir donné des nouvelles à un prisonnier de la part de sa femme, a eu un pareil sort et, après avoir langui dans les cachots, a été traîné à Bicêtre, d'où il n'est sorti qu'après les instantes sollicitations de sa femme qui alla se jeter aux pieds de M. le comte de Ponchartrain pour obtenir sa liberté. Ce n'est point par là que Bernaville facilitera à ses porte-clefs les moyens d'acheter des terres seigneuriales comme ils ont fait sous M. de Bésemeaux. Le chirurgien de son temps, qui était aussi valet de chambre de M. de Bésemeaux, ne voulait pas raser les prisonniers à moins de trente sols par barbe. Aussi, les servait-il avec un équipage des plus magnifiques : bassin et coquemar d'argent, savonnette parfumée, serviette à barbe de dentelles, beau bonnet, rien n'y manquait. Il portait au doigt un diamant de deux mille écus qu'il tirait quand il rasait quelqu'un. Un jour, il l'oublia dans une chambre. Vanderburg (2), qui s'en aperçut, s'en saisit. Le chirurgien, peu de temps après, vint le redemander. Ceux qu'il avait rasés jurèrent, comme c'était vrai, qu'ils ne l'avaient point. Vanderburg, qui ne se serait pas fait raser quand ça ne lui aurait coûté qu'un sou, ne fit pas semblant de l'entendre. Le chirurgien, bien désolé, protesta qu'il avait laissé le diamant dans la chambre et les conjura de ne point le laisser venir à des extrémités qui seraient à tous fâcheuses. Rien n'ébranla le détenteur.

(1) Daniel Garry avait servi dans les troupes de France. Le 10 mai 1703, il fut arrêté pour espionnage. Il ne sortit de la Bastille que le 3 juillet 1713.

(2) Vanderburg, Hollandais, entré à la Bastille le 13 octobre 1695. Il avait pris le double rôle d'agent secret pour le compte des Gouvernements français et hollandais. Sorti de la Bastille le 21 avril 1706 avec un ordre d'exil, il était revenu à Paris, ce qui avait motivé sa réincarcération. Il sortit définitivement de la Bastille le 14 septembre 1715.

M. de Bésemeaux vint trouver les prisonniers dans leur chambre pour les prier de rendre un bijou qui mettait son valet de chambre au désespoir. Mais voyant que les deux compagnons de Vanderburg, qu'il connaissait pour des gens incapables d'une pareille friponnerie, lui juraient sérieusement qu'ils ne savaient où était le diamant et que s'il était absolument dans leur chambre il savait bien à qui il devait s'adresser, il se retira. Lorsque le gouverneur fut sorti, les deux compagnons de Vanderburg eurent beau le conjurer de ne point leur faire d'affront et de rendre le diamant s'il l'avait. Il tint encore ferme et fit des serments horribles pour affirmer son innocence. Le gouverneur, peu de temps après, le fit descendre et lui dit : « Je ne veux pas en avoir le démenti, je sais que vous avez le diamant. Si vous ne le rendez volontairement, voilà six soldats qui vont vous dépouiller nu et vous frapper à coups de nerf de bœuf, jusqu'à ce que vous l'ayez rendu. » Il fit encore des serments qu'il ne l'avait pas. Mais quand le gouverneur lui eut tourné le dos, en le regardant avec indignation, et que les

Louis Phélypeaux de Pontchartrain, chancelier de France.
Portrait de Cavin, gravé par J. Sarrobat.
(Bibliothèque Nationale. Estampes.)

soldats se mirent en demeure de le dépouiller, il fit rappeler M. de Bésemeaux, tira le diamant de son fondement où il l'avait caché enveloppé dans un linge et le rendit en disant qu'il n'avait fait ce tour que pour rire. Le gouverneur l'envoya dans un cachot aussi pour rire et il le laissa pendant quinze jours au pain et à l'eau en lui disant qu'il méritait un plus rude châtiment, mais qu'il était son gouverneur et non pas son bourreau.

Le 27 juin, sur les sept heures du matin, lorsque je lisais quelques chapitres de mon *Nouveau Testament*, nous entendîmes ouvrir les portes de notre tour. Après quoi, on vint droit à celle de notre chambre où Ru introduisit un homme de très bonne mine, mais très pâle et qui semblait tout égaré. Ru, prenant la parole, nous dit que c'était un officier de qualité que le gouverneur nous envoyait pour compagnon et avec lequel il nous priait de bien vivre. Après quoi, il referma la porte sur nous. Je saluai fort civilement notre nouvel associé et lui demandai s'il était malade. « Non, Monsieur, me dit-il, mais je fais tout ce que je puis pour l'être et mourir assez vite pour m'arracher à la tyrannie barbare de mes bourreaux. L'état où vous me voyez vient de ce que je n'ai mangé ni bu depuis cinq jours, puisque c'est aujourd'hui le sixième qu'il ne m'est entré dans le corps que l'air abominable que je respire. » Comme Ru, en le conduisant dans notre chambre, nous avait apporté notre pain et notre vin, je lui en offris de fort bonne grâce et courus à notre réservoir qui était dans une petite armoire à côté de la cheminée, lui quérir un morceau de veau rôti froid, mais de très bonne mine, dont je le priai de manger. Il le refusa d'une façon fort civile et me dit qu'il bénissait Dieu de ce qu'il le faisait rencontrer, dans l'extrémité où il était, un homme raisonnable qui pût recevoir les dernières paroles du comte de Brederode et publier un jour dans le monde l'injustice que la France lui faisait après soixante ans d'un service fidèle et assidu. Au nom du comte de Brederode, ma surprise fut extrême. Le curé de Léry nous avait souvent conté son histoire et la rencontre du marieur et du marié était piquante. Le comte ne pouvait reconnaître le curé de Léry qu'il avait à peine vu et qui se disait abbé de la Mothe. Le comte de Brederode était fort bel homme et, quoiqu'il fût presque septuagénaire, il n'avait pas une ride. Il avait de beaux traits, le teint vif, des yeux bleus et les cheveux d'un beau blond cendré, dont il n'y avait encore presque pas de blancs. Il était de moyenne taille, mais bien prise, n'ayant aucune incommodité que celles que lui causaient ses blessures. Il était généreux, bon, franc, et, par ce que j'en ai pu juger et apprendre depuis des gens qui le connaissait, il avait toujours passé pour brave soldat et bon officier. Enfin, il méritait une autre destinée que la Bastille. On lui apporta son ordinaire, conjointement avec celui de l'abbé de la Mothe auquel, malgré toutes ses impertinences, je faisais toujours part sur le mien, qui était encore en ce temps-là passable. Mais je redoublai la dose, en considération du comte, quoiqu'il s'en défendît d'une façon honnête et comme il aimait beaucoup le vin, je lui donnais la plus grande partie du mien, ce que j'ai toujours fait pendant que nous avons été ensemble.

Il fit cette année des chaleurs excessives. Elles furent cause que le comte et l'abbé se promenaient dans la chambre en chemise. L'abbé voulut pousser la galanterie plus loin et quitter sa chemise, mais je protestai que je ne le souffrirais absolument pas et je lui affirmai que je demanderais avec empressement d'être séparés, s'il voulait pousser l'impudence à l'excès. Il en fut si outré que, dès le soir, — c'était le 1er juillet, — il donna un billet au porte-clefs. Les suites nous firent juger ce qu'il contenait, car, dès le lendemain matin, on fut visiter les prisonniers de la calotte, mais ils avaient si bien rebouché leur trou que quoique les officiers leur protestassent qu'ils savaient bien qu'ils avaient communication avec ceux de la quatrième chambre et avec nous, ils ne leur purent faire avouer, et indubitablement si nos voisins de la quatrième avaient usé de la même précaution, les officiers ne trouvant rien auraient pu accuser l'abbé d'imposture et de calomnie. Mais étant venu visiter les deux prisonniers de la quatrième (1), ils trouvèrent leur trou tout ouvert. Les officiers parlèrent dans le trou pour découvrir où il avait communication et l'abbé de la Mothe courut promptement sous la cheminée leur répondre. Ils vinrent ensuite dans notre chambre où ils firent grand bruit. Ils doutaient encore de la chose. Cependant, dès le lendemain on fit sortir le prince (2) et Tauzin (3) de leur chambre. Nous ne doutâmes pas que ce ne fût pour les mettre au cachot et nous nous attendions bien à la même destinée. Voyant bien d'où nous partait ce coup, le comte voulut en récompenser l'auteur, ce qu'il aurait fait sans moi qui l'en empêchait, lui faisant voir les conséquences. Deux jours après, le 6 juillet, les prisonniers de la calotte eurent la même destinée et furent enfermés dans le cachot de la même tour qui est très affreux et très puant, mais que Bernaville a rendu exécrable en bouchant tous les soupiraux, en sorte qu'il n'y entre à présent d'autre air que celui qui passe au travers des latrines. C'est dans cet agréable séjour où Gringalet (4) fut près de sept mois et où il aurait été plus longtemps si je n'avais été prendre sa place. Ce fut là qu'il acheva de se persuader qu'il avait reçu du ciel la philosophie par infusion, comme Salomon, quoiqu'il eût fait son cours de philosophie à Genève dans la boutique d'un relieur de livres, dont il ne put apprendre le métier. Nous demeurâmes donc, le comte et moi, privés de toute société autre que celle de l'abbé de la Mothe, dont nous nous serions passés avec plaisir. Pendant tout le temps que nous

(1) Cette chambre était occupée par le prince de la Riccia et Tauzin.

(2) Jean-Baptiste de Capoue, prince de la Riccia, seigneur napolitain, chef de la conspiration de Naples contre Philippe V, fut transféré de la citadelle de Marseille à Vincennes, puis à la Bastille avec son domestique (26 septembre 1702.) Il en sortit le 18 octobre 1713 avec un exil à Orléans. (Archives de la Bastille, 10537 et 10607.)

(3) Tauzin père et fils étaient à la Bastille aux termes de leur écrou pour « un commerce de prostitution et d'usure ». Les rapports de d'Argenson les qualifient de filous de premier ordre.

(4) Samuel Dupré dit Gringalet « espion du prince d'Orange, embaucheur d'ouvriers français pour l'étranger », était genevois. Mêlé au complot qui avait pour objectif de brûler la flotte de Brest, il fut mis à la Bastille le 29 novembre 1702 et en sortit le 9 juin 1713.

restâmes ensemble, sans avoir communication avec d'autres prisonniers, ce mauvais prêtre ne pouvait s'empêcher de nous témoigner la rage que lui causait notre union. Le comte me fit confidence qu'il avait été deux ans enfermé dans Vincennes, accusé de travailler à la recherche de l'œuvre magnétique. Bernaville lui avait fait subir des peines inouïes, par l'hypocrisie de ce barbare qui le voulait faire changer de religion et par son avarice qui le faisait mourir de faim. Le comte, en effet, avait de très beaux secrets et n'en savait peut-être pas moins que le comte de

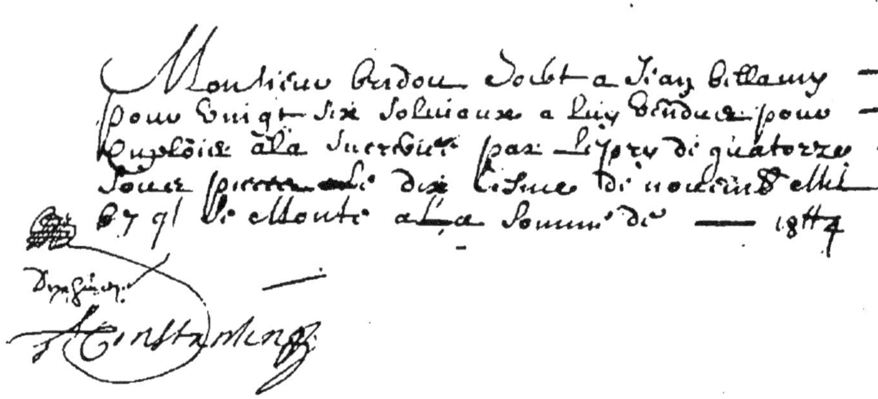

Pièce cotée et signée ne varietur, *par Constantin de Renneville.*

(Archives de la Bastille.)

Gabalis. Il possédait admirablement bien son Raymond Lulle, son Albert-le-Grand, etc. Tout prisonnier qu'il était, il me fit voir des choses prodigieuses et il m'avait promis de me donner de très beaux secrets si notre liberté commune nous en avait donné les moyens. L'abbé de la Mothe mettait tout en pratique pour nous faire séparer, le comte et moi. Sur le récit que le comte lui avait fait de la malice qu'avait l'abbé Papasodero de percer toutes les bouteilles, dans lesquelles on lui apportait son vin, si adroitement par le fond, que le porte-clefs ne s'en apercevait pas, et quand le sommelier les remplissait, tout le vin se répandait, il ne cessa de prier le comte de lui faire voir comment il faisait pour les percer. Le comte, pour se débarrasser de ses importunités, lui dit qu'il avait besoin d'un clou. L'abbé lui en eut bientôt arraché un de la muraille, avec lequel le comte perça, un matin, nos trois bouteilles. Le bon prêtre ne manqua pas cette occasion pour jouer un mauvais tour au comte. Il écrivit un billet et lorsque l'après-midi, Ru vint desservir, il le lui mit adroitement dans la main. En effet, un moment après, Ru entra avec les trois bouteilles à la main et nous demanda qui de nous les avait percées ? Pas un ne voulait répondre et Ru voyant que j'affectais de lire, sans vouloir seulement lever les yeux, crut que c'était moi et commencait à m'apostropher quand l'abbé, se levant promptement et courant à son bréviaire, mit la main dessus en jurant : « Foi de prêtre, comme j'ai la main sur ce bréviaire, Ru, ce n'est pas moi. — Eh bien, Ru, puisque M. l'abbé jure foi de prêtre que ce n'est pas lui ; je proteste, dis-je aussi, que ce n'est pas moi ; mais je veux dire comment la chose s'est faite... » Alors le comte m'interrompant et prenant la parole dit : « Ru, foi d'honnête homme, c'est moi qui les ai percées, mais ç'a été à la sollicitation de ce bon et honnête abbé qui m'en importune depuis plusieurs jours. » Le bon prêtre se mit à pleurer et fit des serments exécrables qu'il n'avait pas écrit le billet. Ru le tira de sa poche et nous le fit lire. L'abbé, chargé de confusion, se retira dans un coin de la chambre en s'écriant : « A qui se fier à l'avenir, bon Dieu ! » Quelques jours après, il nous trahit encore plus cruellement, ce qui me plongea en un affreux cachot et fit perdre la vie au comte de Brederode.

Ce fut le 20 septembre 1703. Corbé sortait ; après sa visite, nous aperçûmes très distinctement que notre bon abbé lui glissa un billet. Un moment après, Corbé ouvrit une seconde fois la porte, fit sortir notre fidèle compagnon et lui parla fort longuement sur l'escalier. Après quoi, il fit rentrer dans notre chambre le vénérable prêtre, qui parut tout joyeux le reste du jour. Le lendemain, sur les huit heures du matin, Ru vint lui dire de s'habiller et ensuite le fit sortir de notre chambre, où deux heures après, lui et un autre porte-clefs, vinrent quérir le lit et le reste de son petit bagage en nous protestant que nous ne le verrions de la vie et qu'ils nous en félicitaient, car c'était un méchant homme. « Je vous jure, reprit Ru, que de l'heure où je vous parle, il est enfermé dans une chambre d'où il ne sortira pas de sitôt et où il aura tout le temps de regretter celle-ci. » Après que Ru eût fermé la porte et qu'il nous eût laissé seuls, le comte et moi : « Hé bien, mon cher comte, lui dis-je en l'embrassant, savez-vous qui est l'homme qui sort d'avec vous ? — C'est, dit-il, le plus grand fripon et le plus grand scélérat qui fut jamais. — Vous avez raison, lui dis-je, mais vous en serez mieux convaincu quand vous aurez appris que c'est Sorel, curé de Léry. — Quoi, le curé de Léry ! reprit-il avec étonnement. — Oui, dis-je, c'est Antoine Sorel, curé de Léry, qui vous a marié avec la marquise de Bois-Roger. Il nous avait conté votre histoire à M. Linck et à moi, avant que vous fussiez venu avec nous. — Ah ! Monsieur, reprit le comte, pourquoi ne me l'avez-vous pas dit pendant qu'il était avec nous ? Je ne vous le pardonnerai jamais. » Et me quittant brusquement, il alla rêver contre la fenêtre. Je l'y laissai quelques moments pour lui donner le temps d'évaporer sa bile. Puis : « Savez-vous ce que vous devez faire lui dis-je, pendant que vous le tenez dans un lieu où il ne peut plus vous faire faire tant de chemin pour l'atteindre ? M. du Juncas me paraît être un fort honnête homme et il m'a témoigné qu'il ne cherchait qu'à vous faire plaisir. Il faut le prier d'engager Sorel à vous donner un certificat de votre mariage. » C'est ce que nous avons tenté tous deux depuis notre séparation, mais vainement. Sorel a refusé la chose à M. du Juncas, comme me l'a dit lui-même cet officier, qui mit tout en œuvre pour engager ce méchant prêtre à rendre cette justice au comte qu'il lui affirma devoir être dans peu remis en liberté. Mais ni prières ni menaces (1) ne purent rien sur le cœur de ce barbare.

(1) Renneville expliquait sans doute de la sorte le mémoire remis par lui à du Juncas contre Sorel et transmis par du Juncas à d'Argenson, cité dans notre étude préliminaire.

Ru nous apporta notre dîner qui fut tout des plus magnifiques. On faisait maigre ce jour-là et depuis que j'étais à la Bastille, nous n'avions pas été si bien servis et nous n'avons jamais revu depuis, pendant notre prison, rien qui en approchât, car quand nous fûmes sous l'avare direction de Corbé, et, après, sous l'extrême et sordide lésine de Barnaville ils nous ont laissé les sept jours de la semaine à la charge de la Providence. Le comte eut trois plats de poisson. J'en avais six. Le comte avait une soupe de moules et j'en avais une d'écrevisses, mais admirables. Parmi mon poisson, il y avait une vive fort belle, une grande sole frite et une perche, le tout très bien assaisonné, avec trois autres plats. Nous dinâmes, le comte et moi, tout à notre aise, ne nous doutant pas que ce serait le dernier repas que nous ferions ensemble. Nous nous jurâmes une amitié mutuelle et nous étions encore dans ces agréables transports quand Ru vint me dire de descendre dans la salle où M. d'Argenson m'attendait et sans me donner le temps de quitter ma robe de chambre et de m'habiller, ne me permettant que d'embrasser le comte, il me conduisit dans une salle où je trouvai Corbé, accompagné des porte-clefs et de six soldats. Après m'avoir reproché des crimes supposés que m'avait imputés Sorel, il ne voulut jamais écouter ma justification et me commanda de me dépouiller tout nu. Je lui dis que je n'en ferais rien, que je voulais parler à M. le gouverneur ou à M. du Juncas, qui seuls avaient le droit de me commander. « Mettez vite vos habits à bas, me dit-il. Vous en épargnez la peine à ces gaillards (montrant ses soldats) qui ne demandent pas mieux que de vous rendre ce service et qui ne le feront pas si doucement que vous. » Je consultais si je ne pouvais pas me jeter sur une de leurs épées, pour la passer au travers du corps de mon tyran, lorsque Bourgoin s'approchant de moi me dit tout bas : « Obéissez à ce maraud plutôt que de vous faire déchirer ; car, pour lui plaire, les soldats ne demanderaient pas mieux que d'exécuter ses ordres cruels. » Je pris le parti de me déshabiller moi-même. Je m'assis, pour cet effet, dans un fauteuil. Ru donnait tout pièce à pièce à Corbé à mesure que je me dépouillais. Il ne ſaisait que branler la tête en ſaisant les grimaces d'une guenuche qui avorte. On lui apporta

La Bastille et sa poterne.
Dessin de Sergent, gravé par Guyot. (Bibliothèque Nationale. Estampes.)

toutes mes hardes, mes papiers et mes livres. Quand il me vit en chemise : « Laissez-lui sa chemise, dit-il, et conduisez-le où je vous ai dit. »

III

Les cachots et les chambrées de fous.

On me fit traverser la cour en chemise et descendre dans le cachot de la tour du Puits, où je trouvai que la justice était fort mal meublée, car il n'y avait pas une pierre où je puisse me reposer. C'était le 21 septembre, jour de l'équinoxe. Je restai dans ce lieu de plaisance en chemise, jusqu'à sept heures du soir. Mes pieds tout nus, enfoncés dans le limon du cachot qui est un souterrain voûté, commençaient à se glacer aussi bien que mon corps, et mon cœur allait manquer, lorsque Ru m'apporta ma robe de chambre, mes pantoufles et mon lit qui me sauva la vie. Après m'être couché dans mon grabat où j'ai eu bien de la peine à me réchauffer les pieds, j'attendis vainement que Ru apportât mon. souper. Il fallut me contenter de mes réflexions pour toute nourriture. Je fus assailli par les rats qui me firent une guerre cruelle. Ils venaient m'attaquer par troupes. J'ai cru que le cachot en était rempli. J'en blessai plusieurs avec mes pantoufles, seules armes défensives dont je pouvais me servir. Cette guerre dura jusqu'à ce que le jour se fût glissé dans mon antre. Ru vint de grand matin apporter le pain et le vin à son ordinaire aux autres prisonniers de la tour. Il laissa mon pain et mon vin sur le pavé couvert d'un pied d'ordures, à la discrétion des rats.

Sur les dix heures, j'entendis traîner des chaînes dans l'escalier, avec un bruit épouvantable. On ouvrit la porte de mon cachot. Corbé entra, suivi de Ru et de deux soldats qui traînaient des chaînes qu'à plusieurs reprises ils entrèrent dans le cachot. Après quoi, Corbé leur commanda de sortir et de se tenir dans la montée. J'étais encore couché. Corbé, tout en fureur, me dit qu'il m'apportait de quoi me divertir et me fit montrer par Ru toutes ces chaînes, pièce par pièce, l'une après l'autre. Il y en avait une qui pouvait ceindre un homme par les reins, dans un cercle de fer, et qui s'attachait à une autre chaîne qui était toujours fixée au milieu du cachot, attachée au pavé. Il y avait des entraves pour les pieds, des menottes d'une grosseur prodigieuse, et entre autres, un collier affreux. Il pesait seul plus de cinquante livres et tous ces joyaux en pesaient plus de deux cent cinquante. « Monsieur, me dit Corbé, si vous êtes assez téméraire de crier par les créneaux de votre cachot, de vous plaindre aux porte-clefs, lorsqu'ils vous apportent à manger, ou de leur faire la moindre insulte, je vous ferai charger de toutes ces chaînes et vous les porterez jour et nuit, tant que vous resterez dans ce cachot. » Il allait sortir, lorsque je le priai de s'asseoir sur mon lit et de prendre la patience de m'écouter. Après qu'il m'eut accordé cette grâce, je lui fis un détail succinct de quelques-uns des tours de Sorel, qui parurent radoucir ce tigre. Il aperçut mon pain qui était à plus de moitié mangé des rats. Il ordonna à Ru de m'en apporter un autre, et sur ce que je lui dis qu'il me ferait plaisir, puisque je n'avais pas mangé depuis midi, le jour précédent, il gronda Ru de ne m'avoir point apporté mon souper et lui ordonna d'aller sur le champ chercher un pain chapelé, ce qu'il fit. Corbé, en me quittant, ordonna à Ru de bien me donner à manger. Il me promit que si j'étais sage, il ne me laisserait pas longtemps dans le cachot. J'y fus cependant trois semaines entières, quoique je n'eusse point poussé le moindre murmure, pendant un si long supplice.

Sitôt que Corbé et Ru furent sortis de mon cachot, où ils avaient laissé toute leur diabolique ferraille, je me levai, je priai Dieu. Je fis mon lit. Ensuite je déjeunai de bon appétit, comme l'on peut croire. Après, je fis l'inventaire de ces meubles curieux que l'on m'avait apportés, dignes ornements de mon appartement. Je ne pus jamais faire perdre terre, quelques efforts que je fisse, à la chaîne grosse comme ma jambe où était attachée la ceinture de fer monstrueuse. Sans doute que cette pièce seule pesait plus de cent cinquante livres. Le collier était à deux couplés et d'un fer brut, forgé au marteau seulement, plus gros que mon bras. Les menottes et les entraves étaient énormes. Il était impossible qu'un homme les put porter trois jours, sans en avoir la chair entamée. Tout cela resta quelques jours dans mon cachot, jusqu'à ce que Ru vint les en retirer un jour, sur les neuf heures du soir. Il me dit que c'était pour en orner un prêtre, qui avait eu la témérité de jeter son souper au nez de Corbé, et que cet oint du Seigneur était au cachot pour ce sujet. Ru maniait ces chaines, presque aussi facilement que je ferais de ma chaine de montre. M. Bostall (1), qui était du parti qui arrêta M. de Beringhem (2), écuyer du roi, m'a protesté avoir porté toutes ces chaînes sur son corps pendant quinze jours, pour avoir répondu trop fièrement à M. d'Argenson. Il est vrai qu'on le détachait trois ou quatre heures chaque jour, pour le laisser reposer. Quand on les lui ôta tout à fait, on l'avait trouvé évanoui sous leur poids. Le cou, les reins, les poignets et les jambes étaient écorchés, quoique ce soit un homme très robuste. J'ai appris encore que le bon curé de Léry avait porté fort longtemps ces bijoux après qu'il eut cruellement blessé le moine Lustich (3).

A midi, Ru m'apporta un ordinaire passable, le soir il

(1) Jean Bostall, lieutenant de dragons au régiment de Guethen au service de la Hollande, fut transféré à la Bastille des prisons de Versailles le 25 mars 1707. Il était un des complices de l'enlèvement du marquis de Beringhem. Il sortit de la Bastille le 12 juillet 1713.

(2) Jacques Louis, marquis de Beringhem, premier écuyer du roi, pris pour le Dauphin, fut, entre le pont de Sèvres et Passy, en mars 1707, enlevé par un parti de cavalerie hollandaise. Ses ravisseurs le conduisirent jusqu'à Ham. Là, un détachement de la garnison les fit prisonniers sans coup férir.

(3) Jean Wenzel dit Lustich, religieux bénédictin de Citeaux, profès de l'abbaye d'Héberbach près Mayence, qui s'était sauvé du couvent pour apostasier, fut incarcéré le 17 août 1699. Protestant, il était accusé d'avoir fait émigrer deux femmes protestantes. Il sortit de la Bastille le 20 novembre 1714. — En 1705, Sorel faillit le tuer d'un coup de bâton dans l'estomac; Saint-Mars le mit au cachot pour l'en punir.

me servit un souper de même. Je fus traité de cette sorte, pendant tout le temps que je fus dans ce cachot où l'on me donna de la chandelle et mon *Nouveau Testament*, que je mettais soigneusement dans mon sein, crainte qu'il ne fut mangé des rats. Ce livre fut une grande consolation pour moi. Mais, depuis que Bernaville est à la Bastille, on ne donne plus ni lits, ni chandelles, ni livres, ni ordinaires, à ceux qui sont dans les cachots. Au contraire, il en a fait boucher tous les trous par où la lumière pouvait pénétrer. A peine y donne-t-il du pain et de l'eau et souvent point de paille, ce que j'ai expérimenté plusieurs fois. Ce qui me fatiguait davantage, c'était la guerre que j'étais contraint de faire aux rats. Toutes les nuits, il n'y avait point de trêve avec ces affamés. J'avais beau en tuer. Ils revenaient à la charge, et me rongeaient mes pantoufles, ma couverture, jusqu'à mon bonnet sur ma tête.

Corbé fait apporter par Ru les chaînes de punition.
(*L'Inquisition française.*)

Enfin, le 11 octobre 1703, sur les trois heures après midi,

Corbé vint me faire sortir du cachot. Je le suivis jusque dans la petite cour où je trouvai Boutonnière, auquel il ordonna de me conduire dans la seconde chambre de la tour du Puits. « Dans la seconde chambre de la tour du Puits? reprit Boutonnière tout étonné. — Oui, » dit Corbé. Je suivis ce porte-clefs qui haussait les épaules et poussait des soupirs. Je ne fus pas longtemps sans en découvrir la cause.

Je ne savais pas encore, comme je l'ai éprouvé depuis, qu'il y avait à la Bastille des demeures bien plus insupportables que le cachot que je venais de quitter et des animaux plus méchants que les rats contre lesquels j'avais combattu. Il m'introduisit dans une chambre où je trouvai deux prisonniers dont l'un était debout et l'autre couché. Je leur fis des civilités, auxquelles ils répondirent bien succinctement. Pendant que Boutonnière fut chercher mes meubles, le prisonnier couché se leva tout nu. C'était un colosse monstrueux, plus haut que moi de toute la tête, plus large à proportion qu'il n'était haut. Il avait le visage vermeil et assez passable, à une balafre près qui lui traversait toute la face depuis la tempe gauche jusqu'à l'extrémité du menton, le nez se trouvant cicatrisé de travers, du haut en bas, par le milieu, de gauche à droite. Cette blessure le faisait nasiller d'une manière tout à fait discordante. « Allons, Francillon (1), dit-il, c'était le nom de son confrère, qu'on m'aide à transporter le lit! » Aussitôt dit, aussitôt fait. Je vis démonter la machine la plus bizarre que j'aie vue de ma vie. Le lit était composé de cotrets et de manches à balai qui élevaient à trois pieds de terre une tribune ambulante sur laquelle on avait jeté un méchant lit de plumes, un oreiller de même manière, deux draps, deux couvertures, dont on ne pouvait discerner la couleur, et de vieilles friperies. Le tout était sur-

(1) Henri-François Francion ou Francillon, étudiant en médecine, « protestant qui faisait de l'espionnage pour le compte de la Hollande », transféré de Vincennes à la Bastille le 3 juillet 1699. Un ordre de mise en liberté du 21 mai 1710 ne fut pas exécuté. Il sortit de la Bastille en juin 1713.

monté de quatre grands manches à balai qui soutenaient une natte pour ciel de lit, d'où pendait pour pavillon de vieux lambeaux de drap teints avec de la suie de cheminée et des fragments de vieilles tapisseries, dont le plus grand morceau n'était pas plus large que la main. Le colosse, que je surnommai Braillard, m'affirma avec une confiance orgueilleuse que ce lit n'était pas de la Bastille et qu'il lui appartenait. « Je l'ai bien payé, » dit-il en nasillant d'une manière toute harmonieuse, pesant toutes ses syllabes qu'il coupait par pauses. Le lit fut fait dans le plus bel endroit de la chambre en un clin d'œil. Après quoi, le lourd et pesant colosse, qui était resté en chemise pendant tout le démembrement et le remembrement de la machine, s'élança dedans avec la vitesse et l'agilité d'un oiseau. Quand je le vis faire le saut périlleux, je fis un cri. Mais ma peur fut quitte pour voir trembler les compartiments de cette couche extraordinaire et voltiger les lambeaux de la courtine. Francillon s'offrit de très bonne grâce à faire mon lit. Je le remerciai fort civilement et je le faisais moi-même, quand l'incube se mit à hurler d'une manière affreuse comme si le feu eût été dans la chambre. « Hé ! ne vois-tu pas, cheval de bât, âne de Francillon, que ce prisonnier est un novice très ignorant. Mets la main à l'œuvre, si tu ne veux pas que je me lève pour te le faire faire par les oreilles. » Je crus que c'était son valet, puisqu'il lui parlait si rudement et pour faire cesser les cris du stentor, je le laissai faire.

Après que mes meubles furent arrangés, nous nous fîmes les interrogations usitées entre prisonniers. Je leur appris en abrégé qui j'étais. Après quoi, le Goliath me dit qu'il s'appelait Alexandre Vanderburg, qu'il était d'Amsterdam, d'une famille la plus noble de toute la Hollande, que pour ses aventures, il en avait pour plus d'un an à me les conter en gros et superficiellement; qu'il en remettait le commencement au lendemain; qu'il avait été arrêté à Fontainebleau, peu de temps après que le roi Guillaume eut repris Namur sur les Français, quoiqu'il eût rendu des services impayables au roi de France et à ses ministres, qui n'étaient que des ingrats, puisqu'ils laissaient un brave officier de cavalerie de quatre-vingt quatre ans, qui avait sacrifié sa vie pour eux, croupir dans une prison depuis dix-sept ans. Je ne pus m'empêcher de lui dire que s'il calculait les années de sa vie comme celles de sa prison, qu'il ne devait pas avoir plus de quarante-deux ans. Le roi Guillaume avait repris Namur en 1695. Il assurait n'avoir été arrêté que l'automne suivant et par conséquent il n'y avait pas encore neuf ans qu'il était arrêté. Il n'y avait pas à répliquer à cela. Cependant, il persista à soutenir qu'il y avait dix-sept ans qu'il était prisonnier avec des emportements extravagants. J'y acquiescai pour éviter noise.

Son ancien compagnon, devenu le mien par la grâce de Dieu et du charitable Corbé, me dit qu'il s'appelait Henri Francillon, qu'il était médecin de sa profession, originaire de Saint-Maximin, près de Grenoble, que la cause de sa prison, où il était resté depuis quatorze ans, était la religion réformée dont il avait toujours été, mais que lassé des tourments qu'on lui faisait souffrir dans la Bastille, il avait abjuré à la persuation du R. P. Riquelet qui lui avait promis sa liberté, aussitôt qu'il aurait franchi ce pas terrible. Cependant, dix ans après notre séparation, qui arriva peu de temps après, je fus mis dans les appartements (1) avec le même Francillon, qui n'est sorti de ce maudit colombier que le 30 juin 1713.

Il ne sera pas, je crois, hors de propos de faire la description de mon nouveau domicile. C'était un octogone comme le sont presque toutes les chambres de tours. En entrant à main droite, était une grande fenêtre à châssis coulants, donnant sur la porte de Saint-Antoine, mais dont la vue était presque interdite par une avant-grille. A la gauche de la porte était une petite cheminée qui fumait beaucoup. De l'autre côté de la cheminée était le prie-Dieu de Braillard, construit à peu près aussi bizarrement que l'était la

(1) On appelait appartements le corps de logis, qui séparait les deux cours et dans lequel on renfermait les prisonniers de distinction et ceux qui étaient assurés de leur liberté.

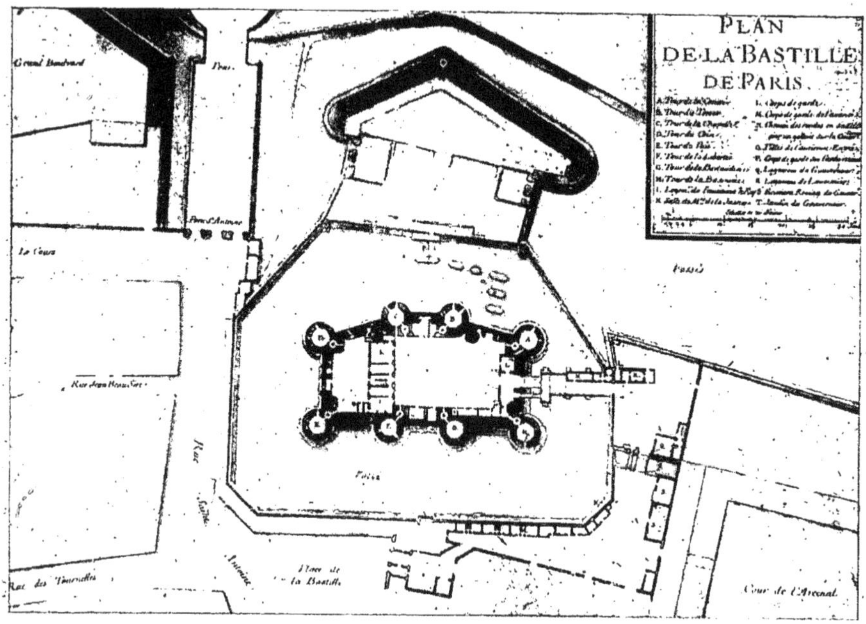

Plan de la Bastille. (Bibliothèque Nationale. Estampes.)

dévotion de celui qui y faisait ses oraisons burlesques. La fabrique de cette sainte tribune était de cotterets, comme le reste de l'ameublement de Braillard. Elle était revêtue et garnie de guenilles qui semblaient avoir été découpées dans le manteau du Roi des Gueux. Au haut de cette chapelle était un crucifix qui ne discordait pas avec le reste du sanctuaire et à côté de ce tabernacle une cage à pigeons de la même fabrique que l'oratoire. Il y avait dans cette cage, cinq ou six paires de pigeons, les uns ayant des œufs, les autres des petits et tous faisant du bruit et de l'ordure en quantité. La bibliothèque de Braillard reposait sur la cage : il troublait peu son repos. C'était au bout de cette cage qu'il posa son lit. Après, suivait celui de Francillon, enfoncé dans le centre de la chambre, qui n'avait rien d'extraordinaire que sa petitesse, car on en donne de plus grands aux enfants de dix ans; et je ne puis comprendre comment un homme de sa hauteur y pouvait reposer. Aussi y était-il toujours doublé en deux. Mon lit fut placé proche de celui de Francillon, à côté de la fenêtre.

La chambre était lambrissée d'un plâtre très blanc et très uni et pavée de briques, mais si couverte de fiente de pigeons qu'on pouvait à peine distinguer la brique, ce qui causait une infection insupportable, jointe à celle qui sortait de Braillard qui se faisait seringuer jusqu'à trois fois par jour. La porte et la fenêtre de la chambre semblaient toutes neuves et fermaient fort juste. Il y avait contre la muraille quelques mauvaises peintures que Braillard me dit être de la main d'un des compagnons qui autrefois avait été avec lui. Il s'appelait Neufville Gondrin (1) et disait être le fils naturel d'un cadet de la maison de Montespan.

J'allais oublier le trône de Braillard, une des plus cu-

(1) Il peut s'agir ici de Roger de Pardaillan de Gondrin, marquis de Termes qui fut incarcéré deux fois à la Bastille : le 11 avril 1663, à la suite d'un duel avec le chevalier de Flamarens; le 21 juin 1681 comme décrété de prise de corps par la Chambre de l'Arsenal (affaire des Poisons). Il fut déchargé d'accusation le 18 mars 1682. Mais le marquis de Termes était un Gondrin *officiel*.

rieuses pièces de la chambre. C'était son chef-d'œuvre. La force de son génie y brillait. Il n'y avait pas épargné les cotrets. Il en était entré un si grand nombre dans sa construction, qu'il fallait le secours de deux hommes pour le faire changer de place. Il était revêtu de matelas dont il avait emprunté les laines à ceux de ses compagnons et la housse était faite de placards de tapisserie empruntés aux mêmes pièces dont il avait tiré les rideaux de son lit. C'était son trône, quand il donnait audience à Francillon, son fauteuil quand il était à table, son lit de justice quand il lançait des sentences criminelles contre un mauvais dîner, son trépied quand il rendait des oracles, son lit de repos quand il sommeillait après le repas, son canapé quand il prenait du tabac, sa chaise percée quand il avait pris son remède. Jamais le trône du grand Cophre, roi de Tune, n'eut tant de propriétés que cette relique.

Notre souper arriva. Boutonnière n'avait pas encore mis la clef dans la serrure, que Braillard braillait contre le mauvais souper qu'il sentait au travers de la porte. Mais ce fut bien pis quand il eut vu que mon ordinaire était meilleur que le sien. Il paraissait enragé. Boutonnière avait beau lui remontrer que ma pension était plus forte que la sienne. En vain, je lui offrais mon souper pour l'apaiser. Il n'écoutait rien. Il voulait brailler tout son saoul. Quand il fut las, Braillard ordonna à Francillon de lui apporter son souper sur son lit. Il prit sa viande à pleines mains qu'il retourna et poignassa trente fois. Ensuite, il me pria de lui faire voir mon souper. Je le lui portai sur son lit. Je fus fort surpris qu'il se jeta dessus et se prit à le patrouiller à belles mains. Je me trompe en disant à belles mains. Il les avait si sales que je ne crois pas qu'il les eût lavées depuis plus de six mois et pendant tout le temps que je fus avec lui, ni Francillon ni lui ne se lavèrent jamais. Après qu'il eut tourné et retourné mon souper de tous les côtés et qu'il en eut barbouillé ses mains crasseuses, il voulut me le rendre. Je le priai d'en faire son profit en lui protestant que je n'en mangerais pas, quand il me donnerait autant d'or que pesait mon souper. Il m'en demanda la raison que je lui dis fort ingénument, en lui protestant que je ne touchais jamais de la main ce que je mangeais. Il se prit à brailler contre la délicatesse des Français et fit une description de la façon dont les marmitons partageaient nos portions, capable de faire rendre les tripes à un Suisse. Il profita donc pour ce soir de mon souper. Il y prit goût, car le lendemain, il voulut en faire autant de mon dîner, mais je l'en empêchai, voyant bien que j'avais affaire à un glouton, qui se serait fait un plaisir de me faire dîner et souper de pain sec, si je l'accoutumais à ce manège. Cependant, lorsque le sien fut froid, il ordonna à Francillon de le mettre sous son chevet avec un demi-pain et, à côté de son lit, une bouteille de vin, et toutes les fois qu'il s'éveillait, il mangeait, buvait et se rendormait. Il me protesta que depuis qu'il était à la Bastille, il avait toujours observé ce régime. Francillon était si simple qu'il lui donnait tout ce qu'il avait de meilleur et ne mangeait que ce que Braillard ne voulait pas. Il le servait avec plus d'exactitude que le meilleur valet ne pourrait faire envers un bon et généreux maître. Sa récompense consistait en injures et à se voir accablé d'une criaillerie perpétuelle. « Fais donc cela, âne bâté, cheval de carrosse, tête dure. » Il lui commandait dix choses à la fois : « Ouvre cette fenêtre, mon Francillon. Ferme-là, pécore. Ne vois-tu pas que je suis malade et qu'elle pourrait m'enrhumer ? Donne à manger à ces pigeons, docteur ! » Francillon obéissait. Et, dans l'instant, l'autre disait : « Veux-tu faire crever ces oiseaux, à force de manger, imprudent que tu es ? » Si l'autre lui répliquait : « Ne venez-vous pas de me dire, Monsieur, que je leur donne à manger ? — Écoutez cet enragé, reprenait-il tout en colère, ne voudrait-il pas me faire croire que des vessies sont des lanternes ? Il me fera mourir avec ses contradictions outrées. » Jour et nuit, c'était le même carillon.. Francillon n'avait non plus de repos, auprès de ce méchant homme, qu'une âme damnée. Ce fanatique faisait le malade pour se faire apporter toutes les drogues de l'apothicaire, juleps, sirops, aposthèmes, clystères, vomitifs, cordiaux, thériarque, etc. Il en avait toujours dans la chambre de quoi en former une petite

Vue des fossés de la Bastille (1780). (Musée Carnavalet.)

boutique; car, en ce temps-là, l'apothicaire, qui était payé par le roi, donnait largement aux prisonniers tout ce qu'ils lui demandaient; mais depuis que Bernaville eut acheté l'office d'apothicaire de la Bastille, sous le nom de Reilhe, les prisonniers sont privés à peu près de tout, et les registres et les parties d'apothicaire, n'en sont pas moins chargés aux dépens du roi, au profit du *pauvre Gouverneur*, au détriment des langoureux prisonniers. L'officieux Francillon était quelquefois huit jours entiers sans se déshabiller pour veiller ce prétendu malade qui le faisait quelquefois relever trente fois dans une nuit. Il y avait près de six ans qu'il était à cette rude épreuve, quand j'entrai avec eux et je puis dire que j'ai commencé, en quelque manière, à l'en délivrer.

Je me couchai le plus tard que je pus, me doutant bien que Braillard mettrait tout en usage pour m'empêcher de dormir, comme il ne manqua pas de le faire. Le lendemain, au matin, lorsqu'il vit que je m'habillais à la pointe du jour, selon ma coutume, il me demanda comment j'avais passé la nuit et si j'avais bien reposé. « Très mal, lui répondis-je, et comment voulez-vous que l'on puisse dormir avec le bruit que vous faites? Vous êtes dans une agitation perpétuelle. Comme la nuit est le temps du repos, je vous prie de prendre le vôtre pendant que tout dort, jusqu'aux crapauds, ou du moins de ne pas troubler le nôtre. — Je dors quand je puis, dit-il, le jour comme la nuit. Je ne changerai pas de coutume pour vous ni pour qui que ce soit. Faites comme moi, dormez quand vous pourrez. »

Braillard voulut se lever apparemment pour me faire admirer la singularité de ses vêtements, qu'il me fit considérer exprès pièce par pièce. Il mit premièrement sur sa poitrine un matelas épais de quatre doigts garni de laine, couvert d'une des vieilles culottes d'écarlate de M. Poiret de Villeroy, et cela pour se garantir du rhume. Il se le passa avec une espèce de collier, tel qu'on en met aux chevaux qui tirent la charrette. Par dessus, il mit une chemisette de flanelle rembourrée de laine comme un bât de mulet. Ensuite, il prit des caleçons, aussi de flanelle, matelassés comme la chemisette. Après, il chaussa deux ou trois paires de bas à étrier les uns sur les autres composés de toutes sortes de guenilles dont les plus grands morceaux n'étaient pas larges de trois doigts. Vinrent après les énormes culottes rapiécetées et cousues comme les chaussettes, qu'il attacha non seulement sur ses reins avec des boutons, mais encore sur ses épaules avec des bretelles à grands crochets qui passaient dans la ceinture de la culotte monstrueuse. Sur tout cela, il mit deux paires de bas larges comme de grosses bottes. Il demanda ses pantoufles à Francillon. Je crus d'abord que c'étaient deux de ces niches que l'on donne aux chiens pour les tenir chaudement au coin du feu. Chacune était beaucoup plus grande que le plus grand bonnet d'un grenadier anglais. Une de ces pantoufles aurait pu, en cas de besoin, servir de berceau à un enfant. Quand il les eut à ses pieds et qu'il se tint debout, sa tête touchait au plafond. Il était à proportion plus large que haut. Après que Francillon l'eut aidé à vêtir son justaucorps, ce fut tout autre chose, je crus voir Polyphème. Il ordonna ensuite à son écuyer de lui apporter son bonnet à compartiments verts, jaunes, rouges, bleus, enfin de toutes couleurs comme l'habit d'Arlequin. Il y avait, aux deux côtés des joues, deux oreillettes de flanelle doublées en sept qui s'attachaient sous le menton avec un bouton ou se retroussaient dessus, sur le comble du bonnet, avec le même bouton, ce qui faisait un effet merveilleux. Ce n'est pas tout, il se fit apporter un tablier tout semblable à celui d'un maréchal, excepté que celui-ci était de drap et que l'autre est de cuir. Francillon me jura qu'il lui en avait coûté deux de ses vieux justaucorps pour la construction de cette seule pièce qui était arrondie de par en bas avec deux poches sur les cuisses, et un trou pour passer le marteau. Cet accoutrement se ceignait sur les reins avec un bouton. Quand il fut ainsi orné, il se mit à marcher avec une gravité tout à fait risible.

Ce fut avec cet *agréable homme* que mon *ami Corbé* avait résolu de me faire passer le reste de ma prison, pour me faire tourner l'esprit, mais le hasard en disposa autrement. Il me conta quelques-uns de ses tours de passe-passe à la Bastille. Il y avait un jeune homme et une jeune femme dans une chambre d'une maison proche de la porte Saint-Antoine, qu'il pouvait voir et qui le voyaient très facilement. Tous les jours, ils lui témoignaient, par leurs gestes, leur compassion. Pour tâcher de mettre à profit les bons sentiments où il les voyait, il fit un grand alphabet sur du papier qu'ils pouvaient lire aisément de leur fenêtre. Il le leur montra et lorsqu'ils lui parurent très attentifs, il leur fit passer l'une après l'autre les lettres qu'il fallait pour dire : « Voulez-vous me rendre service ? Je vous récompenserai. » Il ne douta plus de la réussite, lorsqu'il vit l'homme écrire sur du papier les lettres, à mesure qu'il les exposait à leur vue. Ils lui témoignèrent par leurs gestes qu'ils avaient compris ce qu'il souhaitait et mirent plusieurs fois la main sur leur cœur pour lui exprimer leur bonne volonté. Le lendemain, il fut fort surpris quand, à l'ouverture de sa fenêtre, il vit paraître un alphabet pareil au sien et le jeune homme demander ce qu'il voulait qu'il fît pour son service. Il leur promit ce qu'il ne pouvait leur donner. Il leur nomma les personnes qu'il pouvait solliciter pour sa liberté. Ces bonnes gens, qui étaient de nouveaux mariés, amenèrent chez eux plusieurs des seigneurs que Braillard avait réclamés pour les solliciteurs de sa liberté. Ils le virent et lui promirent qu'ils allaient travailler sincèrement à le justifier, s'il était innocent, ce qu'il affirma sur le salut de son âme. Tout allait bien jusque-là, lorsque la malignité de son compagnon de chambre qui n'avait rien à espérer pour sa liberté, puisque c'était son père putatif qui l'avait fait enfermer, pour le corriger de ses débauches, s'avisa de dénoncer ce commerce au gouverneur. M. de Bésemeaux était gouverneur en ce temps-là. Il ne manqua pas de faire observer la chose. On se saisit du couple si bien intentionné. On le trouva muni de l'alphabet et des dialogues par écrit de Braillard qu'ils avaient eu l'imprudence de conserver. Celui-ci fut mis dans un cachot. Le jeune homme et la jeune femme furent entraînés dans le funeste colombier, sans que Braillard en ait depuis jamais entendu parler. Braillard, après avoir été pendant un mois au cachot où il pleura sa fatale industrie, fut remis dans sa chambre où il trouva une avant-grille qui le séparait de la première grille, de quatorze pieds qui font l'épaisseur du mur, pestant fort contre l'infidélité de son compagnon.

Si une pareille aventure était arrivée sous Bernaville, l'auteur n'en aurait pas été quitte à si bon marché. Ce tyran, après l'avoir meurtri à coups de nerfs de bœuf, l'aurait mis dans une basse-fosse et l'aurait laissé au moins pour six mois au pain et à l'eau. M. de Bésemeaux était humain, poli, doux, civil et honnête, au rapport même de Braillard et encore mieux de Francillon. Il rendait souvent de très bons offices aux prisonniers, quand il les croyait innocents, et il a procuré la liberté de plusieurs. Sous M. de Bésemeaux, les prisonniers de qualité un peu distinguée avaient le droit de se communiquer et se voyaient au moins dans les cours. Il y avait un jeu de billard où ils se divertissaient. Ils pouvaient même faire des parties d'hombre et de piquet. Quant à la nourriture, elle était très bonne. Les prisonniers, qui étaient admis à la table du gouverneur, y étaient splendidement traités. Il était servi par les meilleurs

Le R. P. François de La Chaise, de la Compagnie de Jésus, confesseur de Louis XIV.

Portrait anonyme.

(Bibliothèque Nationale. Estampes.)

officiers de Paris et il avait un maître d'hôtel qui n'épargnait rien pour rendre cette table fine et délicate. Aux prisonniers enfermés dans les tours, tous les matins, on apportait, dans un grand panier garni de linge blanc, à chacun trois pains cuits dans la nuit, pesant ensemble une livre; du fruit selon la saison, autant qu'il en fallait pour un jour, et deux bouteilles de vin ou de Champagne ou de Bourgogne. A midi, on leur portait une soupe bien mitonnée, avec une livre de viande bouillie, de la plus succulente de Paris, bœuf, veau et mouton, et une assiette de ragoût. Le soir, on leur donnait demi-livre de viande rôtie, bœuf, veau, mouton ou agneau; la moitié d'un poulet ou d'un lapin, ou un pigeonneau, ou quelque ragoût équivalent, et toujours une petite salade. Comme il était impossible à un prisonnier de manger tant de viande, s'il ne prenait qu'un repas, on lui payait quinze sols pour l'autre, et s'il se contentait d'une bouteille de vin, on lui donnait sept sous et demi, d'autres m'ont dit dix sous, pour l'autre bouteille. Ainsi il pouvait facilement épargner vingt-deux sous par jour, et vivre encore très grassement. Au lieu que sous celui-ci, on n'a que trois ou quatre onces de charogne par jour, car on croirait qu'il prendrait la viande à la voierie plutôt qu'à la boucherie. Quant au vin, il n'en a que le nom. Bien loin d'y gagner de l'argent, j'y ai cruellement perdu tout celui que j'avais, lorsque je fus arrêté, et pendant plus de onze ans que j'ai gémi dans cet enfer, je n'y ai disposé que d'une pièce de six sous que Corbé me donna pour acheter des ciseaux, un jour qu'il était de belle humeur.

La qualité des persécuteurs est un surcroît de douleur aux prisonniers. Bernaville, Bas-Normand, est de la plus basse extraction et M. de Bésemeaux était un gentilhomme d'une ancienne famille de Gascogne. Il est vrai qu'après avoir servi longtemps dans les armées du roi, et que n'étant pas plus avancé, au contraire de l'ordinaire de ceux de sa nation, qui font presque toujours fortune, s'il avait trouvé dix écus dans Paris, pour retourner en son pays planter des choux dans son petit jardin, il n'aurait pas laissé deux cent mille écus à sa fille, comme il a fait en mourant. Il rendit quelques services au cardinal Mazarin qui le fit capitaine de ses gardes, et ensuite lui procura le gouvernement de la Bastille où il est mort immédiatement après la paix de Ryswick, généralement regretté de tous ceux qui le connaissaient et principalement des prisonniers. Je n'en ai pas connu un seul qui ne m'en ait dit du bien.

Un soir que Braillard était de bonne humeur : « Francillon, dit-il, je vois que M. Constantin est un très honnête homme et nous pouvons sans rien risquer nous ouvrir à lui de nos secrets. » Francillon ayant donné une ample approbation à ma prud'hommie : « Débouche le trou, mon ami, dit Braillard à Francillon. — Lequel? répondit l'autre. — Celui d'en bas, reprit-il. » Cela fut fait en un clin d'œil et Braillard se jeta le ventre à terre avec plus de vitesse qu'un chien ferme ne se coucherait devant une personne qu'il aurait découverte. Là, il souhaita le bonsoir à deux cavaliers qui étaient dans la première chambre au-dessous de nous. Il leur dit qui j'étais et leur fit mon éloge en des termes qui sentaient encore le souper qu'il venait de partager avec moi. Je fus admis à l'incommode tribune où je saluai deux fort jolis hommes. L'un s'appelait M. Hughes d'Hamilton, gentilhomme écossais (1), et l'autre Jean Christian Schrader de Peck, officier allemand, de Hameln proche Hanovre (2). Après nous être fait de mutuelles protestations de sincère amitié, avec promesse de nous parler tous les jours, nous nous transportâmes dans un autre parloir, encore plus incommode que le premier, car il était dans une cheminée où l'on ne pouvait se fourrer qu'avec bien de la peine. Francillon frappa trois coups contre le plancher de notre chambre et un moment après,

(1) Hughes d'Hamilton, gentilhomme irlandais, protestant, était accusé de relations avec les ennemis de l'Etat et de la religion, et de mauvais propos sur le roi. Incarcéré le 2 mars 1703, il mourut à la Bastille en août 1708. (Ravaisson. *Archives de la Bastille*, XI, 55.)

(2) Jean Christian Schrader de Peck dit Wiperman, lieutenant de dragons hanovriens, accusé d'espionnage, avait été transféré du petit Châtelet à la Bastille le 2 août 1702. Il en sortit le 29 décembre 1702 avec un exil.

nous entendîmes une voix dans la cheminée qui venait de la troisième chambre, c'était celle de M. l'abbé Gonzel, comte du Saint-Empire (1). C'était le plus beau bossu que j'aie vu de ma vie. Il était haut de plus de six pieds, fort droit par devant. Son visage était majestueux. Il avait le front large, les yeux pleins de feu, le nez aquilin, la bouche bien coupée et vermeille, de belles dents, le teint très fin et vif avec une grande barbe crêpée et noire comme du jais qui lui descendait sur l'estomac. Par derrière, sur ses épaules, il avait une petite bosse qui semblait être postiche.

Je saluai cet abbé et ses compagnons qui étaient le chevalier de Rosel, gentilhomme provençal (2), et si je ne me trompe, le nommé Codron (3). J'ai vu plusieurs fois, depuis, le chevalier de Rosel à visage découvert. C'était un fort bel homme, pour le moins haut de six pieds. Il avait tous les traits du visage fort réguliers, des yeux bleus, mais qui paraissaient déjà égarés, le poil d'un blond vif, portant une grande barbe qui lui donnait un air terrible. Les poils en étaient droits, ardents, gros comme des cordes à violon, et si hérissés, qu'à peine lui voyait-on la bouche; je ne sais pas comment il pouvait faire pour manger. Après avoir donné audience à ces trois voisins, nous leur souhaitâmes une bonne nuit et lorsqu'ils se furent retirés, Francillon

(1) Il y avait à la Bastille trois frères Gonzel incarcérés sous prétexte d'espionnage: Pierre-Antoine, abbé et comte d'Empire; Clément, curé de Torpes en Franche-Comté, et un autre Gonzel, carme. L'abbé Clément Gonzel mourut à la Bastille le 2 juillet 1706 après 3 ans et 5 mois d'emprisonnement. Le carme en sortit le 28 novembre 1714. René-Antoine, comte d'Empire, était alors en liberté depuis 5 jours après 12 ans et un mois d'embastillement.

(2) Ce prétendu chevalier de Rosel s'appelait en réalité Thomas Lambert *alias* Desmarais dit Durosel ou Sennecées. Les écrous le désignent comme « voleur, condamné à mort par contumace à Caen ». Il fut plusieurs fois incarcéré à la Bastille et jugé au Châtelet avec des fortunes diverses. Renneville le laissa à la Bastille d'où il ne sortit que le 26 avril 1730.

(3) Philippe Codron ou Caudron était venu apporter à Versailles les plaintes de ses concitoyens les habitants de l'Alleus en Flandre contre les impôts qui les écrasaient. Son audace fut châtiée par une incarcération à la Bastille. Il y resta du 7 janvier 1707 au 26 décembre 1716.

frappa quatre coups dans la cheminée pour avertir trois prisonniers, qui étaient dans la quatrième chambre de la tour, que Braillard était prêt à leur donner audience. Le premier, qui était un ébéniste, vint à la tribune enfumée et il apprit, lorsque ce vint à mon tour de l'entretenir, qui j'étais. Il me dit qu'il était de la religion réformée, ébéniste du faubourg Saint-Antoine et que, parce qu'il excellait dans

Vue du Jardin de la Bastille (*1789*).
Dessiné d'après nature par Guyot. (Musée Carnavalet.)

son art, d'autres ébénistes, ses voisins, moins habiles que lui et par conséquent très jaloux, le dénoncèrent à M. d'Argenson comme calviniste rebelle aux ordres du roi. Ce charitable ministre le fit enfermer à la Bastille et, pour sauver son âme, il le priva des biens de ce monde. Son fils fut incarcéré comme lui et, pour se délivrer de la Bastille et renaître au monde, tous deux abjurèrent la religion réformée. M. d'Argenson, qui leur avait fait vendre une boutique magnifique, dont il mit l'argent du côté de l'épée, après leur avoir fait faire, pendant leur prison, une quantité considérable de superbes bureaux et pompeux cabinets, porta le roi à donner à ces nouveaux convertis de quoi relever leur boutique et à les renvoyer dans le faubourg Saint-Antoine y continuer leur métier, avec défense, sous peine de prison perpétuelle, de parler de ce qui leur était arrivé à la Bastille. C'est ce que j'ai su d'un soldat, leur voisin, qui nous guidait sur la plate-forme de la Bastille, pour prendre l'air, lorsque ma lettre de cachet fut venue qui me procura ma liberté.

Le second, qui vint me parler, fut un boulanger d'Orléans (1). On le nommait, à la Bastille, le boulanger de l'Apocalypse. Cet homme avait amassé avant la famine, qui survint en 1693, une quantité prodigieuse de grains, sur lequel il fit un bénéfice considérable, tant sur ceux qu'il convertit en pains que sur ceux qu'il revendit en gros. La prospérité enfla le cœur de notre boulanger, qui se crut capable d'interpréter l'*Apocalypse*. Il prétendit que son argent lui avait désillé les yeux pour lui découvrir des lumières, qu'il fit briller avec tant de succès que les Jésuites en devinrent jaloux. Comme on parlait avec éloges dans Orléans des commentaires du boulanger sur l'Apocalypse, les Révérends Pères voulurent lui imposer silence. Mais tous leurs raisonnements ne faisaient qu'embraser l'enthousiasme du boulanger, qui était plus échauffé que son four, dès qu'on voulait arrêter le torrent de ses commentaires. La Société, voyant qu'elle ne pouvait venir à bout de cet esprit rebelle, délibéra pieusement avec le charitable M. d'Argenson et les zélés officiers de la Bastille. On le fit jeûner tant et plus pour rabattre son caquet. On lui fit manger du pain moins bon que celui qu'il pétrissait chez lui en méditant l'Apocalypse, et boire une liqueur moins fameuse que les vins d'Orléans. On délibéra de le mettre à Charenton ou aux Petites Maisons. Mais, comme il avait famille qui l'aurait réclamé, qu'il la gouvernait

(1) Il s'agit ici d'Antoine Boutet, boulanger et marchand de vins à Orléans. Entré à la Bastille le 22 juin 1702, il en sortit le 24 novembre après une mercuriale.

sagement en bon père, — qu'il faisait son commerce comme avant et qu'il n'y avait que l'Apocalyse qui mît le trouble dans le ménage, les Révérends Pères et M. d'Argenson jugèrent bien qu'il ne leur reviendrait rien des grandes richesses du mitron, s'ils le laissaient échapper. Tous unanimement l'abandonnèrent à la discrétion de Corbé qui s'engagea à le rendre plus docile et, à cet effet, le plongea dans les plus affreux cachots, où il le laissa sans paille, au pain et à l'eau.

Le troisième, qui me reçut en audience, fut un gentilhomme limousin, nommé Lespinasse de Pras (1). Son histoire est cruelle et va faire connaître jusqu'où M. d'Argenson a poussé la fourberie et l'injustice. Comme les aventures et les désordres de la femme de M. de Lespinasse, de qui il n'a point d'enfants, ont été divulgués par tout Paris, je puis sans scrupule les insérer dans cette histoire. M. de Lespinasse du Pras avait été marié en premières noces à une demoiselle de son pays qui lui laissa, en mourant, une fille unique. Pour se consoler de la perte qu'il venait de faire, il fit un voyage à Paris. Très bien fait, l'âme grande, possédant dix à douze mille livres de rente, qui est un bien très considérable dans un pays comme le sien, le désir de se voir un héritier le décida à prendre une seconde femme. Il épousa la fille d'un riche partisan, qui, outre les avantages de la beauté, avait celui de la fortune. Il passa quelques mois avec elle à Paris dans tous les plaisirs dont cette superbe ville regorge. Ensuite, il conduisit sa nouvelle épouse dans ses terres, où elle ne fut pas longtemps sans lui donner sujet de se repentir d'avoir pris femme à Paris, car un jour il la surprit en flagrant délit avec un de ses laquais. Le galant sauta par la fenêtre et se déroba aux justes ressentiments de son maître. La femme se jeta aux genoux de son mari et, toute criminelle qu'elle était, fit tant par ses larmes et ses serments de mieux vivre

(1) Jean-Joseph de Lespinasse de Pras, transféré de Fort-l'Évêque à la Bastille sous l'inculpation d'alchimie et fausse monnaie (16 février 1706), en sortit le 5 juillet avec un exil en Limousin. Son dossier semble confirmer le récit de Renneville.

dans l'avenir qu'elle obtint sa grâce. Bientôt il la surprit une seconde fois avec un nouveau galant. Pendant que M. de Pras courait après l'adultère, la femme s'enfuit du château de M. de Lespinasse et trouva moyen de se rendre à Paris chez son père qui la reçut comme la plus vertueuse de toutes les femmes, quoiqu'il sût fort bien de quoi elle était capable. Dans le centre des galanteries, cette seconde Tiquet fit bientôt une nouvelle conquête. C'était un fameux maquignon, qui avait entrepris de fournir les chevaux aux rois alliés et qui, pour cet effet, était entré en société avec le père de notre héroïne. Le mari, ayant découvert que sa femme avait pris la route de Paris, partit de chez lui pour s'y rendre, dans la résolution de la redemander à son beau-père. Le partisan pressa son gendre de s'expliquer sur la satisfaction qu'il voulait qu'il lui fît. Le voyant résolu à reprendre sa femme, qu'il aimait véritablement malgré sa perfidie, il tira deux mille louis de son coffre. Il fut surpris du mépris que M. de Pras fit de cette somme. M. de Lespinasse entra dans des fureurs terribles. Il reprocha à son beau-père son infamie et le traita comme le dernier des hommes. Il consulta un habile avocat qui lui conseilla de faire lui-même sa plainte verbalement à M. d'Argenson; mais ce magistrat était déjà prévenu contre lui par les louis du beau-père et par deux très beaux chevaux que le maquignon avait fait atteler à son carrosse. M. de Pras, s'étant aperçu que M. d'Argenson biaisait, le menaça de porter sa plainte au roi, comme le chemin le plus court, pour se faire rendre justice.

Pour se débarrasser de cet importun mari, ce *bon* juge, par provision, débuta par enlever M. de Lespinasse, qu'il fit mettre à Fort-l'Évêque et enfermer dans une chambre secrète sans jour et sans issue. En entrant dans cet enfer, on avait dépouillé M. de Lespinasse de toutes choses et à peine lui avait-on laissé ses habits. En vain, il offrit des sommes considérables à son guichetier pour le soulager. On lui donnait, tous les jours, une livre de pain du roi, avec un seau d'eau qu'on lui passait par un tour comme il y en a dans les couvents de religieuses, et c'était là toute sa nourriture. Pendant sept mois que M. de Lespinasse fut dans ce four, il ne dépouilla jamais, non plus que ses compagnons de misère. Quand il sortit, ses habits et sa chemise étaient tout pourris. La vermine, qui le dévorait tout vif, l'avait plus décharné que la faim qu'il avait souffert.

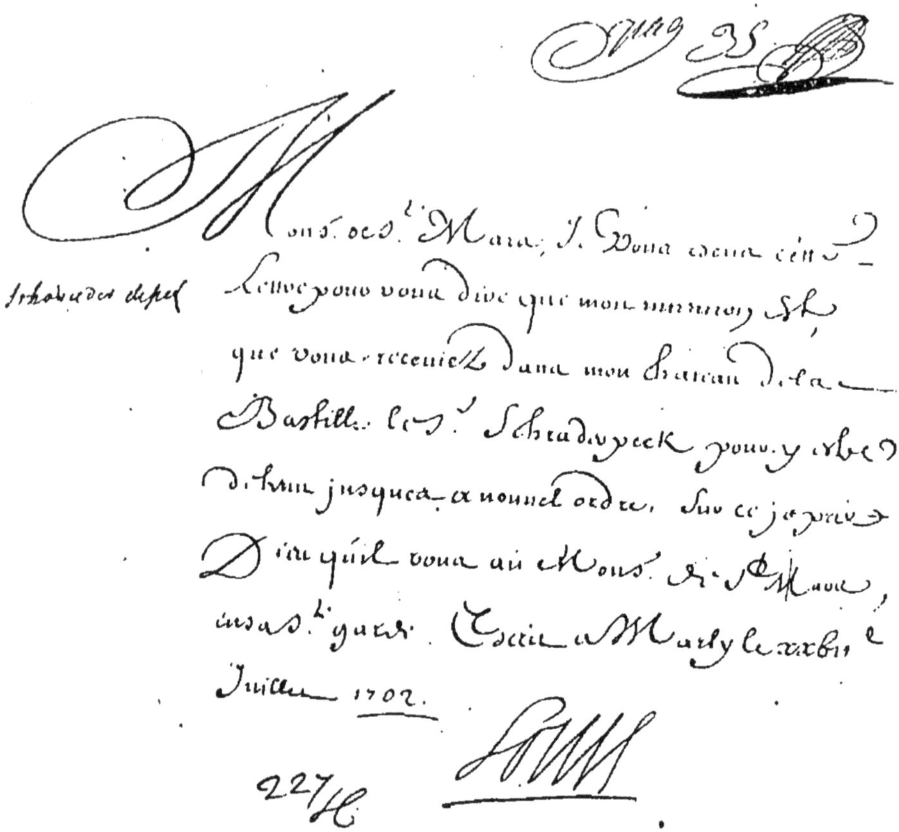
No 35

Schrader de Peck

Mons. de St Mars, Je vous escris cette lettre pour vous dire que mon intention est que vous receviez dans mon chasteau de la Bastille le Sr Schradevpeck pour y estre detenu jusqu'a nouvel ordre. Sur ce je prie Dieu qu'il vous ait Mons. de St Mars en sa Ste garde. Escrit a Marly le xxvii Juillet 1702.

Louis

227/H

Lettre de cachet relative à Schrader de Peck.
(Archives de la Bastille.)

Cependant, on présenta au trésor royal trois ordonnances qui se trouvèrent fausses. On arrêta aussitôt le porteur de ces papiers, on l'interrogea et, sur ses réponses, on fit arrêter plusieurs personnes, entre autres un nommé du Coudray, qui avait prié le portier de les faire mettre sur l'état de distribution, de même que Rémy, maître écrivain juré de Paris, qui avait écrit le corps des lettres, et il se trouva que celui qui les avait signées était un officier nommé Lespinasse. On donna ordre de faire rechercher partout ce Lespinasse. La charitable femme de notre infortuné Lespinasse apprit cette recherche. Elle ne douta pas que son mari eût fait ces faussetés et, ravie de trouver une occasion favorable de s'en délivrer si avantageusement, en avertit son maquignon. Celui-ci, content à l'excès de pouvoir faire périr son rival, fut trouver le fidèle M. d'Argenson qui ne douta pas un moment que notre gentilhomme ne fût le faussaire. Il donna avis aux ministres qu'il le tenait dans la Bastille, où il l'avait fait secrètement transférer du Fort-l'Évêque, où il l'avait destiné à mourir dans la pourriture, ravi de se croire en droit de le faire expirer sur la roue. M. de Lespinasse du Pras subit plusieurs interrogatoires au sujet des ordonnances qu'il niait avoir signées et M. d'Argenson, l'ayant confronté avec Rémy et du Coudray, qui protestèrent ne pas le connaître, les menaça, à son ordinaire, de la question la plus rigoureuse, pour leur faire avouer une vérité qu'il croyait qu'ils dissimulaient. En effet, le jour était pris pour la leur appliquer et M. de Lespinasse de Pras se voyait à la veille de mourir, par la main du bourreau, de la mort la plus cruelle et la plus honteuse, quoique tout son crime fut d'avoir pris une femme à Paris, lorsque le véritable Lespinasse faussaire fut arrêté. Qui fut surpris? Ce fut M. d'Argenson qui se sentit terrassé comme d'un coup de foudre. Sa crainte redoubla, lorsqu'il sut que M. du Buisson était nommé par la Cour commissaire et juge en dernier ressort de cette affaire. Il promit à M. de Lespinasse du Pras de lui rendre sa liberté à condition qu'il lui jurerait sur le saint Évangile qu'il retournerait dans son pays, sans plus jamais venir à Paris, sinon il lui ferait finir ses jours dans le terrible cachot du Fort-l'Évêque. Il lui promit de faire casser son mariage et de lui faire donner une somme considérable par son beau-père pour l'indemniser de ses pertes et pouvoir se remarier, en son pays, à une femme plus sage que l'infidèle qui l'avait abandonné et si cruellement outragé. L'envie de recouvrer sa liberté fit tout promettre à M. de Lespinasse de Pras, bien résolu d'aller s'ensevelir dans le fond de sa province, de goûter chez lui les innocents plaisirs de la campagne et de vivre dans une agréable solitude en bon chrétien pardonnant de bon cœur à ses ennemis. Quand je lui parlai, il attendait à tout moment la lettre de cachet qui devait le reléguer en son pays, après que M. d'Argenson se serait acquitté de ses promesses. Lespinasse et Rémy, faussaires, furent condamnés à être pendus. Rémy épargna les frais de la potence en s'étranglant de ses jarretières dans le cachot de la tour du Coin, d'où j'étais alors sorti il y avait peu.

Le 21 novembre, à l'heure du repas, Braillard eut une crise de folie violente. Toutes les tables et les plats furent renversés pêle-mêle sur le plancher. On accourut au bruit. A peine le major et les porte-clefs avaient-ils ouvert la porte qu'il la franchit sans pouvoir être arrêté et courut chez M. du Juncas se plaindre de mes mauvais traitements. Boutonnière me fit bientôt descendre pour comparaître devant M. du Juncas. Je n'eus pas de peine à me justifier devant ce juge équitable. Je lui demandai de retirer d'avec Braillard le pauvre Francillon et de me renvoyer mes hardes. M. du Juncas me promit pour Francillon qu'il en ferait un rapport au gouverneur et Boutonnière me conduisit dans la première chambre de la tour du Puits où je restai jusqu'au 17 décembre.

Cette chambre est des plus malpropres et de même forme que la seconde chambre, excepté que celle-ci est beaucoup plus sale et plus humide. Je laisse à penser ce que nous y pouvions souffrir du froid et de l'humidité des nuits, jusqu'au 17 de décembre que nous en sortîmes. Braillard, resté au-dessus de nous, avait la malice, quand il savait qu'on nous avait apporté notre dîner ou notre souper, de frapper si fort avec ses pieds sur le plancher que nous croyions qu'il allait s'abattre sur nos têtes. Il en faisait tomber une telle quantité de poussière que nous fûmes contraints, pour en garantir notre dîner, d'étendre un des draps de nos lits au-dessus de notre table. C'est dans ce lieu de plaisance que je trouvai MM. d'Hamilton et Jean Christian Schrader de Peck. Le premier était un petit homme, mais bien pris dans sa taille, tout plein de feu. Je puis protester qu'il ne dérogeait pas aux vertus de ses ancêtres et que son zèle, sa probité, la droiture de son cœur, méritaient un meilleur sort. Son attachement pour le roi Jacques lui avait fait passer la mer pour le suivre en France. Il avait pris à Paris, par le conseil de ce prince, une fille de moyenne vertu, parfaitement belle. Il la mena à Bruxelles où il la faisait passer pour sa femme. Les Ministres recherchèrent l'amitié du mari prétendu pour s'insinuer dans le cœur de la femme. Ils jouèrent, tous les deux, parfaitement bien leur rôle et dupèrent tous ces amants de bonne fortune. Hamilton m'a protesté qu'il n'a jamais connu femme, jusqu'à cette courtisane, quoiqu'il eût cinquante ans quand il la prit, à la sollicitation de la Cour de Saint-Germain. Pour récompenser d'Hamilton de ses bons services, la Cour de Saint-Germain, de laquelle il disait peut-être trop librement sa pensée, le fit enfermer à la Bastille. Il n'a jamais su de quoi on l'accusait, et il y est mort sans en découvrir la cause. Lorsque nous fûmes mis ensemble, M. Schrader n'était pas âgé de plus de vingt et un ans. C'est un gros garçon, passablement bien fait, au reste bon enfant. Il était fort adroit de ses mains. Avec le fil qu'il tirait de ses draps et de nos serviettes, il faisait divers ouvrages, entre autres des galons et des cordes d'une bonté merveilleuse. Ce fut lui qui commença les échelles, avec lesquelles M. l'abbé comte du Bucquoit (1) s'est sauvé de la Bastille. Sans le secours d'autres outils que ceux que lui fournissaient les os des vaches qu'on nous donnait à manger, il faisait des aiguilles, des couteaux, des cuillers, plusieurs instruments de musique, entre autres des flageolets, des flûtes, des violons dont il jouait agréablement. Nous eûmes bientôt lié une étroite amitié. Nous

(1) Jean-Pierre du Bucquoit de Manican, ci-devant prieur de Nogent-sur-Seine, fut arrêté le 9 juin 1707 comme espion de Marlborough et complice de l'enlèvement de M. de Beringhem. Il avait précédemment été incarcéré pour faux-saulnage, s'était évadé de Fort-L'Evêque (25 septembre 1706), avait été repris à La Fère l'année suivante, mis à la Bastille. Son *évasion*, le 5 mai 1709, fut une des plus grandes émotions de la carrière de Bernaville.

joignîmes nos lits ensemble pour pouvoir nous servir de deux de nos draps en guise de pavillon pour nous garantir du froid excessif, qui entrait au travers de nos grilles et nous incommodait fort. Comme j'étais mieux nourri que lui et qu'il n'avait pour toutes choses à son dîner qu'un petit morceau de mouton, dont les os tirés, je ne crois pas qu'il lui restât deux onces de viande, avec une petite bouteille de vin grosse comme une moyenne poire, je lui faisais part, avec bien du plaisir, de ma viande et de mon vin. Il ne les acceptait dans le commencement qu'avec une répugnance terrible, tant il avait le cœur bien placé. Il me conta qu'il avait déjà été mis au cachot, pour s'être plaint à M. d'Argenson de la mauvaise nourriture et lui avoir fait voir en original le volume de sa bouteille de vin. Il est vrai qu'en lui montrant cette fiole, il lui disait qu'elle n'était pas plus grosse que quelque chose que je me donnerai bien garde de nommer, quoique bien des gens le pourront deviner. M. d'Argenson lui fit répéter plusieurs fois ce qu'il disait, riant de tout son cœur contre les règles de la bienséance, de la manière plaisante, dont il prononçait le mot en son mauvais français. Il joignait, comme font la plupart des étrangers, un article masculin avec le nom féminin, ce qui rendait la chose plus risible. Ce n'était pas pour la sottise qu'il avait dite, qu'on le mit au cachot, mais pour s'être plaint du gouverneur, qui le faisait mourir de faim. C'est le plus grand crime que puissent commettre les prisonniers. En effet, si le gouverneur pouvait gagner sur eux de leur imposer silence sur cet article, il aurait carte blanche de leur donner un dîner à deux sous par tête, le but unique où tend sa tyrannie.

Dans le moment que j'entrai dans leur chambre, je pris mes compagnons pour des gueux tant ils étaient mal habillés. D'Hamilton n'avait plus de culottes. Son habit qui était d'un drap d'Angleterre tout des plus fins, ne put résister aux fatigues de sa première année de prison. Sa chemise passait de tous côtés au travers de ses chausses. Il est vrai qu'on lui donna des culottes, pendant que je fus en sa compagnie, mais d'un revêche si grossier, qu'un ramoneur un peu poli aurait fait difficulté de les porter. Pour le justaucorps, il n'aurait jamais pu ressusciter sous les mains des quatre plus habiles ravaudeurs de Paris. Aussi l'avait-il absolument abandonné pour s'envelopper dans sa couverture à la manière des montagnards d'Écosse. Il n'avait plus ni cravate, ni perruque, ni chapeau, mais un vieux bonnet si gras qu'on ne pouvait distinguer de quelle étoffe, ni de quelle couleur, il avait jadis été; et par-dessus tout cela, il était sans bas, sans souliers, pieds nus, jambes nues, chose fort réjouissante au milieu de l'hiver, pour un homme qui commence à devenir asthmatique.

Le pauvre M. Schrader était encore plus nu. Il y avait trois mois qu'il n'avait changé de chemise. Il s'était enveloppé les jambes, les cuisses, enfin tout le corps, de vieilles guenilles, qu'il avait tortillées autour de lui de la façon la plus bizarre. Il s'était fait un turban de vieilles serviettes sales. Encore avait-il fallu livrer un combat au porte-clefs pour en entrer en possession. Cela joint avec un petit coton, qui commençait à lui couvrir le dessous et l'extrémité du menton, et des cheveux fort crêpés lui donnaient un air étranger tout à fait extraordinaire. Si M. Coypel avait voulu peindre un Prêtre-Jean, il aurait pu prendre copie sur lui. Cela n'empêchait pas qu'il fût dans le fond assez beau garçon, mais on ne peut pas concevoir combien la Bastille déguise un homme. M. de Nitzschwitz y entra beau comme un ange; mais je suis persuadé que s'il y était resté encore six mois, sa beauté y aurait souffert une terrible entorse. J'avais la figure d'un homme quand j'y fus mis, et aujourd'hui je pourrais passer pour un Siamois. L'humidité des basses-fosses m'a fait tomber une partie du nez, toutes les dents, et de blanc que j'étais, m'a rendu le teint tout bis. Trop heureux encore d'en être sorti dans cet état et non pas le timbre fêlé comme beaucoup que je connais!

M. Schrader l'aîné (1) était dans un de ces cachots,

(1) Georges Schrader de Peck, gentilhomme allemand, avait été incarcéré à la Bastille quelques jours avant son frère, le 20 juillet 1702. Le délit invoqué était l'espionnage. Il sortit de la Bastille le 8 octobre 1708.

lorsque j'étais avec son frère, comme il nous l'écrivit sur une assiette, d'une écriture si fine qu'il fallait avoir de bons yeux pour la lire. Tant qu'il n'y eut que les Allemands qui se mêlaient d'écrire de cette sorte, ils le faisaient d'une manière si subtile et si finement, que jamais nos gargotiers ne s'en seraient aperçu; mais le chevalier du Rosel le fit tambour battant, pour ainsi dire, puisqu'il en couvrit toutes les assiettes et les plats. D'autres, à son exemple, écrivirent d'une façon si grossière, que cela gâta tout. Les porte-clefs eurent ordre de tout effacer. Après quoi, on marqua toute la vaisselle des marques de chaque tour, et de chaque porte-clefs, ce qui fut cause qu'il fut très difficile d'apprendre des nouvelles des autres tours et de se communiquer comme auparavant. Avant que cette ruse eût été découverte, nous avions reçu des lettres de MM. de Nitzschwitz, Kreutzer (1) et Anschutz, et autres de la nation allemande. Cette manière d'écrire donna lieu à une pasquinade qui, dans la suite, m'a été très funeste par la malice de ceux qui l'ont aggravée. Sur toute notre vaisselle, il y avait une S et une M estampées avec une fleur de lis au milieu en cette façon S ⚜ M. L'S et l'M étaient l'abrégé de Saint-Mars, et la fleur de lis au milieu n'était qu'un ornement mis par la fantaisie de l'ouvrier. Comme Saint-Mars était d'une cruauté inexorable, un prisonnier s'était avisé de faire de ces deux lettres deux mots : Sans Miséricorde. Par malheur, l'assiette me tomba sous la main, je voulus renchérir sur la pensée. Je fis cet épigramme :

Cet homme sans miséricorde,
Mérite au moins la fleur de lis,
Et, si l'on punit ses délits,
Il ne peut éviter la corde.

(1) Christian Grinzer dit Kreutzer, de Torgau en Saxe, commerçant en joaillerie, fut mis à la Bastille le 20 avril 1703. On lui reprochait de correspondre en pays étranger et de « faire du brocantage avec Ratte, grande libertine. Le 19 juillet 1703, il fut mis en liberté sous engagement de se faire catholique ou de sortir du royaume sous trois mois. Le 25 décembre, il était encore à Paris et n'était pas catholique. Il fut réincarcéré pour n'avoir pas tenu ses engagements et ne sortit de la Bastille que le 18 décembre 1708.

M. Schrader la trouva si juste qu'il voulut absolument l'écrire sur une assiette. Celle-ci tomba apparemment sous la main de quelque amateur de pasquinades, qui l'écrivit bientôt sur cinq ou six autres assiettes. Enfin, quoique le lendemain, l'assiette, où M. Schrader avait écrit mon épigramme, me fût tombée entre les mains et que je l'en eusse effacée, sous trois jours, il n'y eut pas une assiette où elle ne fût écrite, et tel prisonnier poussa la malice jusqu'à graver mon nom au-dessous de cette belle épigramme. Peut-être était-ce le curé de Léry qui, sachant que je griffonnais des vers, m'avait fait cette charité, ou quelque autre moins fou, mais plus malin, qui savait bien que j'étais affligé de la contagion de rimer. Quoi qu'il en soit, un jour, Corbé me fit descendre dans la salle. En présence du major, du capitaine des portes et de tous les porte-clefs, il me montra plusieurs assiettes, où mon épigramme était écrite, toutes soussignées de mon nom, et me demanda ce que j'en pensais : « Je pense, lui dis-je, que ceux qui ont écrit mon nom sous ces vers sont mes plus cruels ennemis, et que ceux qui croient que je les ai écrits ne sont pas sages. — M'affirmez-vous bien, reprit-il, que vous n'avez pas écrit ces vers, et m'en feriez-vous le serment? » Comme effectivement j'avais fait ces vers, mais que jamais je ne les avais écrits, je lui protestai que non seulement je n'avais pas écrit ces vers qu'il me montrait, mais que de mes jours je n'avais écrit les pareils. « De bonne foi, ajoutai-je, me croyez-vous fou? Car il faudrait que je le fusse des plus extravagants pour écrire une pareille pasquinade et la signer. Consultez le curé de Léry ou quelque autre moins pétulant mais plus malicieux, dont vous pouvez connaître le caractère, et vous saurez qui a eu la charité d'écrire ces vers et d'y mettre mon nom. — Retournez, dit-il, à votre chambre. Mais si je croyais que c'eût été vous qui eussiez écrit ces vers diaboliques, je les ferais tout à l'heure écrire sur votre corps avec du plomb fondu. »

Schrader me conta ce jour-là qu'il avait déjà été mis au cachot pour avoir parlé à son frère. Quel crime! Fort ennuyé d'être au cachot, il s'avisa un soir de mettre le feu à

La Bastille et la porte Saint-Antoine.
Gravure allemande de Volckart. (Bibliothèque Nationale. Estampes.)

sa porte, pour la rompre et se dégager d'un lieu si incommode. Pour cet effet, il rompit le bois de son lit et d'une chaise qu'on lui avait donnée, en amassa les morceaux contre la porte de son cachot, y joignit de la paille qu'il avait tirée de sa paillasse et, avec la chandelle qu'on lui avait apportée avec son souper, il y mit le feu. En un instant, le cachot fut plein de fumée. Schrader se jeta le visage contre terre, pensant par là éviter le malheur d'en être étouffé. Par bonheur pour lui, la fumée sortit avec impétuosité par les créneaux et, se répandant dans les fossés du château, avertit bientôt la sentinelle du malheur de Schrader et de l'incendie qui était dans son cachot. Le soldat en donna l'avis au corps de garde, dont les soldats coururent à l'instant avec le porte-clefs au cachot où Schrader était prêt à succomber. Cependant, lorsqu'il les entendit descendre, il rappela tous ses esprits et s'assit les jambes croisées devant le feu. Ce fut la posture, où ils le trouvèrent, quand ils entrèrent dans le cachot. Ils lui demandèrent ce qu'il faisait là. « Je me chauffe, » répondit-il froidement. Le major lui demanda pourquoi il avait mis le feu à son lit. « Pour me chauffer » dit-il avec le même flegme. Enfin, il contrefit si bien l'insensé, que le croyant devenu fou dans toutes les formes, ils le retirèrent promptement du cachot, et pendant que les porte-clefs s'empressaient à éteindre le feu, ils le conduisirent à la calotte de la tour de la Comté pour lui faire prendre l'air. On lui apporta même du vin et quelques rafraîchissements pour le remettre. On lui donna un autre lit, sur les protestations qu'il fit qu'il n'y mettrait plus le feu, mais qu'au contraire il demeurerait paisible.

Dès le moment qu'il fut seul, il fit exactement la revue de son nouveau domicile; et pendant qu'il était occupé à cet exercice, il entendit frapper sous ses pieds avec un bâton; ce qui lui fit connaître qu'il y avait quelque personne dans la quatrième chambre de la même tour qui voulait avoir communication avec lui. Aussitôt, il tira un morceau de fer qu'il avait caché sur lui et qui servait à joindre le lit qu'il avait rompu dans le cachot pour le brûler, il commença à l'instant de vouloir faire un trou dans son plancher. Mais les mêmes personnes, qui étaient dans la chambre au-dessous de lui, frappèrent un autre endroit et avec tant de violence, que cela souleva du plâtre qui bouchait un trou. Il n'eut pas de peine à le déboucher. Le trou lui laissa voir deux fort jolies femmes qui lui firent mille protestations d'amitié et lui dirent que s'il voulait descendre une corde, elles lui enverraient du vin, des ratafias, des confitures et toute sorte de rafraîchissements. La chose fut bientôt faite. Il mit ses deux jarretières bout à bout, où on attacha premièrement une bouteille de vin d'Espagne, ensuite une perdrix froide, enfin des confitures. Enfin il fut chevalier de la jarretière à bon droit, car les siennes tirèrent une profusion de si bonnes choses, que depuis qu'il était en France, il ne s'était pas vu dans une pareille abondance. Il but à la santé de ses bienfaitrices qui, de leur côté, lui faisaient raison à rouges bords. Elles passèrent la nuit à faire la débauche, et lorsque ces nymphes surent que le cavalier n'avait que vingt-un ans et était étranger, ce qui était facilement connaissable à son langage, étant en pointe de vin elles n'eurent point de honte à lui découvrir le commerce où elles étaient avec l'aumônier et Corbé, firent mille railleries sur le peu de vertu de leurs amants dont, hors la Bastille, elles auraient tout à fait méprisé la passion.

L'une de ces drôlesses était femme et s'appelait Fleury (1) et l'autre passait pour fille et s'appelait Marthon (2). Elles lui dirent que l'abbé s'était déclaré pour la Fleury et Corbé pour Marthon, mais que pour éviter la jalousie de part et d'autre, elles se cédaient charitablement et mutuellement leurs amants, affirmant qu'elles ne faisaient pas un grand sacrifice. Enfin, lorsqu'elles furent ivres, elles poussèrent

(1) La femme Fleury s'étant sauvée de la Bastille le 3 août 1685, Louvois priait de la recevoir et de la traiter avec douceur. Elle sortit avec un exil le 20 août 1704.

(2) Il s'agit ici de Marianne Mathon dite Vincent, couturière, entrée à la Bastille le 12 janvier 1702 comme compliee de Caraffa, sorcier, faux-monnayeur et distributeur de drogues. Elle sortit de la Bastille le 14 janvier 1703. Renneville, qui ne l'avait pas vue et en parlait par ouï-dire, la prenait pour une Marthon de Normandie qu'il avait connue, fort belle blonde de mince vertu.

l'impudence si loin qu'elles prirent le jeune Schrader pour leur berger Pâris et voulurent paraître devant lui avec les mêmes agréments qu'une fois les trois déesses montrèrent au jeune Troyen, pour obtenir de lui la pomme fatale. Elles ne gardèrent plus aucune mesure et firent devant ce nouveau venu des choses si honteuses qu'elles le forcèrent à rougir. Elles lui promirent que le lendemain il pourrait être témoin des familiarités qu'elles auraient avec leurs galants à la triste figure. Il leur souhaita une bonne nuit, dont la plus grande partie avait été consacrée à Bacchus et en quelque sorte à Vénus. Après leur avoir renvoyé leurs bouteilles, leurs pots à confitures, vides, cela s'entend, et les os de leur perdrix et de leur gibier, si tant est qu'il en eût épargné les os, il alla se coucher, si ivre qu'il ne se réveilla pas pour songer à ces gourgandines.

Le lendemain, il fut témoin de choses abominables de la part de l'abbé et de Corbé. A la conversation suivante, ces nymphes lui dirent qu'au-dessous d'elles, dans la troisième chambre, il y avait une jeune demoiselle belle à ravir, avec laquelle elles avaient communication, qui s'appelait Bondy, qui s'abandonnait à ces deux abominables boucs (1). Apparemment que les parents de ces créatures débordées les avaient fait mettre à la Bastille pour les corriger de leur vie dépravée, et l'on peut voir à quelle correction elles étaient assujetties.

M. Schrader et ses deux voisines lièrent une si étroite amitié qu'elles résolurent de le voir de plus près. Comme la cheminée n'était que de briques, il avait entrepris d'y faire un trou par lequel il devait descendre dans leur chambre. Avec du fil, qu'il tirait de ses draps et de ses serviettes, il avait déjà ait des cordes pour remonter dans sa calotte par la cheminée, et avait détrempé du mortier capable de reboucher l'ouverture qu'il devait pratiquer. Il ne lui manquait plus qu'un ferrement capable de séparer les briques. Il leur conseilla de demander une broche à

(1) Les Archives de la Bastille n'ont pas conservé trace de l'incarcération d'une prisonnière de ce nom.

leurs galants pour rôtir elles-mêmes leurs viandes, sous prétexte de manger leur gibier plus chaud et d'en ôter la connaissance aux cuisiniers et porte-clefs. La chose était résolue et toutes les mesures bien prises, lorsqu'on amena à M. Schrader, pour compagnons, l'abbé Papasodero (1) et Nicolas Sandras (2). Le premier jour que ces trouble-fêtes furent arrivés dans la calotte, ces femmes, pour consoler Schrader de ce désastre, lui envoyèrent une si grande quantité de vin, de liqueurs et de confitures et Papasodero en mangea tant et but si excessivement qu'il en pensa crever. Toute la nuit, il ne fit que vomir et ses compagnons furent fort occupés à purger leur chambre de l'ordure, crainte que l'odeur du vin et des confitures ne les fît découvrir le lendemain par les porte-clefs qui les auraient envoyés infailliblement, tous trois, au cachot.

Comme Schrader cherchait tous les jours de nouveaux moyens de se procurer du plaisir par sa subtilité, il trouva moyen de lever une des pierres où la grille de leur cachot était attachée, ce qui leur facilitait à tous trois le moyen d'entrer dans l'intervalle des deux grilles et leur donnait une vue de vaste étendue. Après quoi, ils replaçaient leur pierre si adroitement qu'il eût été impossible de voir qu'elle avait été ôtée. Notre ingénieur ne s'en tint pas là. Il fit une arbalète avec laquelle il lançait des flèches bien avant dans la rue Saint-Antoine. Ils avaient du papier dans lequel l'apothicaire enveloppait les drogues qu'on leur donnait dans ce temps-là abondamment; il ne leur manquait que des plumes et de l'encre. Le génie de Schrader y pourvut encore. Il fit des plumes avec les os de la vache qu'on leur donnait à manger. Au lieu d'encre, ils se servaient du sang de Sandras, qu'ils lui tiraient des bras

(1) Antoine Papasodero, prêtre napolitain, entré le 4 novembre 1702 à la Bastille, était accusé de sorcellerie et de correspondance avec l'étranger. Il fut exilé le 20 novembre 1714.

(2) Nicolas Sandras, paysan, entra à la Bastille le 13 juillet 1701. Il avait servi de guide aux protestants qui cherchaient à sortir du royaume. Le 19 avril 1704 il fut mis en liberté avec un exil loin de Paris.

et des mains en lui faisant des ligatures et le piquant si démesurément qu'il en était encore tout estropié et ne se servait pas facilement de ses mains quand je lui parlai. Au lieu de profiter d'un avantage si précieux et d'écrire à ceux qui pouvaient s'occuper de leur liberté, Papasodero écrivait les plus grosses ordures à des petites filles qui ramassaient les billets. Quelques-uns des messieurs, qui passaient en allant à l'Arsenal, leur faisaient signe qu'ils étaient prêts à leur rendre service; mais bien loin d'en faire bon usage, ils s'amusaient à blesser les passants avec des pierres qu'ils lançaient avec leur arbalète. Ils firent tant que quelques-uns s'en plaignirent aux officiers de la Bastille qui, sans cela, ne s'en seraient jamais aperçus. Un après-midi qu'ils étaient entrés tous trois entre les deux grilles, avec leur arbalète, les officiers et les porte-clefs pénétrèrent subitement dans la calotte, où ils les prirent en flagrant délit. Ils furent tous trois entraînés séparément au cachot.

M. Schrader me fit le récit d'un interrogatoire que Papasodero avait prêté à M. d'Argenson. Ce magistrat, ayant fait descendre ce bon prêtre, lui fit plusieurs questions auxquelles l'interrogé répondit avec une pétulance effrénée. On lui présenta plusieurs lettres, toutes des plus dissolues, écrites par des femmes avec des suscriptions à l'abbé Papasodero. Ce juge lui demanda s'il en connaissait l'écriture. « Vraiment oui, dit ce prêtre, ce sont des lettres de mes maîtresses. — Quoi! lui dit M. d'Argenson, un prêtre doit-il avoir des maîtresses? Et n'avez-vous pas honte d'avouer des lettres capables de faire rougir un soldat des gardes des plus corrompus? — Pardieu, reprit le modeste prêtre d'un ton ironique, vous, Monsieur le magistrat, qui êtes Italien aussi bien que moi, vous me voudriez faire croire que vous ignorez les revenants-bons des prêtres de ce pays principalement. C'est le plus clair de leurs bénéfices que la galanterie. Si, par malheur, on nous faisait eunuques, nous serions bannis de tous les couvents de nonnes, où nous sommes reçus à bras ouverts. Est-ce que le caractère du prêtre a dû effacer celui de l'homme que je possède au même degré que vous, M. le magistrat? Je ne puis mieux maîtriser mes passions, que vous faites les vôtres, car je sais de vos nouvelles. Si vous avez quelques-unes de mes lettres des moins galantes, dans le temps que j'ai eu ma liberté, j'ai ouï toutes les voix de Paris publier vos prouesses. Je sais la chanson, qui a été faite, moins au sujet des lanternes que de votre galanterie :

Le bout de Monsieur d'Argenson
S'accourcit au clair de lune.

Et nous connaissons la brune en question. Ç'a été une rocambole pour moi de ragoûter de la même perdrix qui mettait un lieutenant de police en appétit. Oui, Monsieur le magistrat, j'ai eu des maîtresses et j'en souhaite encore. Si vous voulez me donner quelques-unes de celles de l'abbé Giraut, vous nous ferez grand plaisir à tous deux. Vous le dégagerez d'un meuble qui le fatigue beaucoup, étant donné la délicatesse de sa petite poitrine, et moi, du moins, j'en passerai ma grosse faim ». Enfin, il dit tant d'impertinences au redoutable Minos, que celui-ci fut contraint de le chasser de sa présence, comme le plus effréné et le plus dissolu de tous les débauchés.

J'ai dit que M. Schrader était tout nu et qu'au mois de décembre nous n'avions pas encore de fenêtre à notre cachot. Il est vrai qu'on lui apporta la robe de chambre de la fameuse Marianne (1), mais, outre qu'elle n'était qu'une méchante toile rayée, toute usée, déchirée et sans doublure, elle était si sale, si graisseuse et si pleine d'ordure qu'elle faisait mal au cœur. M. Schrader ne voulut pas la prendre. Il frappa un peu vivement à la porte, pour prier un officier de monter, et de voir si, nu comme il

(1) Marie-Anne de La Ville, transférée par ordre de Pontchartrain des prisons d'Alençon à la Bastille le 15 mars 1703. Elle était accusée de sorcellerie et sacrilège. « *Elle est âgée de 23 ans, disait un* rapport de d'Argenson en 1704 ; c'était la fameuse Marianne qui était si habile à tromper les sots et qui a même trouvé l'art de fasciner les yeux de quelques personnes qu'on croyait sensées et d'esprit. » A la Bastille, elle affola une de ses compagnes, Philippe Pochon, femme de l'ingénieur de Rosemain. Elle fut envoyée à la Salpêtrière le 22 novembre 1703. (Ravaisson. *Archives de la Bastille*. X, 402. —Ch. de Coynart. *Une Sorcière au* XVIIIe *siècle*.)

était et sans feu, il pouvait résister au froid excessif, sans avoir une fenêtre pour nous garantir au moins des vents cruels qui règnent dans cette saison rigoureuse. A midi, le porte-clefs me dit de m'habiller et que M. du Juncas me ferait descendre dans l'après-midi pour me parler. Je passai tout mon après-midi enveloppé dans mon manteau, sous lequel je tenais M. Schrader embrassé. Il tremblait à faire craquer ses dents, tandis que M. d'Hamilton tremblait de son côté, enveloppé dans sa couverture. Cependant, nous nous consolions mutuellement, dans l'espérance que mon éloquence serait assez pathétique pour fléchir M. du Juncas et l'engagerait à nous mettre en un lieu où nous serions moins rigoureusement. C'était le dimanche 16 décembre 1703. Vainement j'attendis toute l'après-midi. Soit que M. du Juncas ait eu des affaires, soit qu'il m'eût oublié, il ne me fit pas descendre. Pour nous en consoler, on nous apporta un très mauvais souper. M. Schrader, principalement, n'avait qu'un os tout décharné qui semblait avoir été arraché à un des mâtins de la cuisine, pour l'apporter à ce pauvre jeune homme, qui, de l'appétit dont il était, aurait fait une terrible brèche à une épaule de mouton, s'il ne l'avait pas coulée à fond. Le porte-clefs dit que je n'eusse pas à me déshabiller et que M. du Juncas voulait me voir après souper. M. Schrader voulut encore frapper pour faire monter un officier, tant pour lui faire voir son mauvais souper que lui montrer l'état déplorable où il se trouvait. Je m'opposai à son dessein, lui remontrant que j'allais parler pour lui, avec énergie, au lieutenant du roi, qui était un homme fort judicieux et le plus équitable qui fût à la Bastille. Je lui donnai même tout mon souper pour le consoler, et je le priai très instamment de s'en accommoder, parce que je ne voulais, ce soir-là, manger qu'un croûton de pain et boire un doigt de vin. Enfin, il frappa à la porte malgré M. d'Hamilton et moi. Le major monta dans le moment que M. Schrader, paraissant apaisé, commençait à mon instante prière à manger mon souper. M. d'Hamilton en allait faire autant, et moi, enveloppé dans mon manteau, je les regardais faire. Rosarges entra dans notre chambre,

Les farces des rues de Paris : la rue Saint-Antoine (fin du XVIIe siècle). (Musée Carnavalet.)

si ivre que les yeux lui sortaient de la tête, suivi de Boutonnière et de Ru. Sans écouter les raisons de personne, il se mit en posture de décharger sur la tête de M. Schrader un coup d'un gros bâton dont il était armé. Je fis un cri qui l'arrêta et, me débarrassant promptement de mon manteau, je me saisis de la chaise sur laquelle j'étais assis, pour repousser la force par la force, tandis que M. d'Hamilton, se dégageant de sa couverture, avec une agilité extraordinaire, parut tout nu en athlète qui allait combattre et son cœur lui fit choisir Ru comme le plus redoutable des trois adversaires. Dans le même instant, M. Schrader s'était saisi de son pot de chambre, seule arme qu'il trouva sous la main, dans l'intention de l'appliquer sur la figure du major. Ru, cette fois, plus raisonnable que cet ivrogne, le prit par le travers du corps et le jeta dans la montée, pendant que Boutonnière, tout tremblant, nous priait d'avoir égard que cet homme fougueux avait perdu sa raison. Ru, après s'être débarrassé de son furieux, rentra dans notre chambre pour nous apaiser. Il nous promit qu'il nous ferait rendre justice et il sortit avec Boutonnière.

Le lendemain, à la pointe du jour, Bourgoin vint m'avertir de me tenir prêt de descendre dans le moment et comparaître devant M. du Juncas. Il dit aussi à MM. d'Hamilton et Schrader de sortir du lit et de s'habiller de leurs guenilles. Le pauvre porte-clefs était tout triste, ce qui me fit conjecturer que l'air du bureau n'était pas bon pour nous. A tout hasard, je dis adieu à mes compagnons, doutant fort que nous nous revissions jamais. Je comparus donc devant le lieutenant du roi, qui commença à me reprocher l'action de la veille comme une rébellion outrée. Après qu'il eut cessé de parler, je lui présentais notre défense. « En attendant, lui disais-je, qu'on nous ait convaincus de quelque crime, du moins, qu'on nous traite comme des hommes, suivant l'intention du roi, qui paie si largement notre nourriture et notre entretien, et non pas comme des forçats. Les plus grands scélérats qui, pour les crimes les plus infâmes, sont condamnés au feu et à la roue, ne sont pas traités si rigoureusement que nous, dans leur prison. » Il n'y avait pas à répliquer à cela. Aussi, M. du Juncas n'y répondit qu'en haussant les épaules. Cependant, il me demanda si nous étions en droit de nous venger en assassinant un officier qui venait écouter nos raisons. Puis, il fit appeler le major. Il comparut dans la salle d'audience où nous étions, pâle, défait, enflé, hideux, comme un homme qui n'avait pas tout à fait cuvé son vin. Il écouta tout ce que je dis au lieutenant du roi de ses extravagances. Je le contrefis en sa présence, si naïvement que M. du Juncas ne put s'empêcher de rire. Rosarges ne répondit à son officier ou à moi que ces seules paroles : « Dites ce que vous voudrez, mais, sans Ru, je serais mort. C'est à lui que je suis redevable de la vie » et sortit en traînant ses chausses, comme s'il y eût eu dedans un paquet fort pesant. Quand il eut évacué le plancher, M. du Juncas ne put s'empêcher de me dire : « Voilà les jolis officiers qu'il faut au bonhomme, mais cet ivrogne sortira ou je ne serai pas écouté à la Cour... Or ça, reprit-il, comment allons-nous faire ? Vous êtes tous les trois condamnés au cachot et je ne sais comment je vous garantirai de cette disgrâce. Saint-Mars est entêté comme une mule. Attendez-moi là, je vais voir si je ne pourrai pas lui faire entendre raison. » Il revint me dire que le gouverneur était dans une telle furie qu'il n'avait pu le fléchir. « Je suis au désespoir, continua-t-il, de l'injustice qu'on vous fait, mais je l'adoucirai autant qu'il me sera possible. Je vais ordonner que l'on vous porte au cachot double portion, et je vous y enverrai tous les livres que vous pourrez désirer, je ne vous y laisserai manquer de rien. Vous n'y resterez pas longtemps. » M. du Juncas me conduisit jusques à la porte de la tour du Coin. Ru m'ouvrit la porte du cachot et m'apporta mes hardes. Il exécuta ponctuellement les ordres de M. du Juncas, pendant tout le temps que j'y fus. Il me donna fort bien à manger, mais principalement les jours maigres. Les soles, les vives, les écrevisses, les truites entrèrent pour la première fois dans les cachots. J'en fis un très mauvais usage ; car le froid me saisit si extraordinairement que les trois derniers jours j'étais si cruellement glacé dans mon lit que je ne pus me remuer pour porter un morceau à ma bouche. M. du Juncas m'envoya un paquet de bougies, et des livres qui me tinrent compagnie tant que je pus lire. Je trouvai dans le fond d'un créneau quantité d'ossements et, les ayant examinés fort exactement, je reconnus que c'étaient des os humains. Comme l'on sentait la même odeur que l'on sent ordinairement dans les cimetières, et que le cachot avait été dépavé en partie, je m'avisai de fouiller dans la terre qui me parut le plus fraîchement remuée, et j'y trouvai à un pied de terre un cadavre presque tout pourri, enveloppé de méchantes guenilles, aussi toutes pourries. Ru m'avoua que c'était un misérable qui s'était pendu un an avant dans ce même cachot et qu'on y avait enterré tout chaussé et tout vêtu comme il était, car ses habits ne valaient pas la peine de le dépouiller.

Enfin, le lundi, veille de Noël, le vent, ayant tourné du sud au nord, souffla avec tant d'impétuosité dans mon cachot que je n'y pus plus résister. Dès la première journée, tout fut glacé dans mon antre d'une manière prodigieuse. L'eau gela dans ma cruche, qui en fut cassée. Je me levai, cependant, ce jour-là. Mais, le lendemain, ce fut chose impossible. Je commençai même à trembler dans mon lit, quoique couvert d'une couverture, de toutes mes hardes et de mon manteau. Je laisse à juger dans quel état étaient MM. Schrader et d'Hamilton qui, nus comme ils étaient, n'avaient qu'une méchante serpilière chacun pour se couvrir. Le vent continua, les jours suivants, à pousser une quantité prodigieuse de frimas, de giboulées, de grêle et ensuite de neige avec tant de violence qu'il en entra beaucoup dans le cachot, quoique de ce côté-là, qui est celui de la porte Saint-Antoine, le mur ait quatorze pieds d'épaisseur, et que les créneaux du côté des fossés n'aient qu'un demi-pied d'ouverture s'élargissant en cône jusqu'au dedans du cachot où ils en ont environ trois. Le mercredi et le jeudi suivants, je demeurai immobile et tout glacé dans mon lit. J'avais beau supplier Ru, lorsqu'il m'apportait à manger et qu'il l'emportait sans que j'y touchasse, qu'il eût à avertir les officiers, et surtout M. du Juncas, de l'état où je me trouvais et, qu'infailliblement il me trouverait mort de froid s'il ne me retirait d'un lieu si insupportable. « Que ne vous levez-vous, de par tous les diables, disait-il, et que ne marchez-vous pour vous échauffer? » Le jeudi, voyant que j'étais très mal et si défailli qu'à peine je pouvais parler, puisque je n'avais rien pris depuis le lundi au soir précédent : « Pourquoi diable, dit-il, vous êtes-vous mis mal avec le major ? L'enragé de Corbé s'est aussi déclaré contre vous et M. du Juncas y a perdu son latin ; il voit bien que ces cruelles gens veulent vous faire crever. » Et il s'en alla tout chagrin. C'est ce qui me fit préparer fort sérieusement à la mort.

Enfin, la nuit du jeudi au vendredi 28 décembre, qui était le onzième jour que j'étais au cachot, et le quatrième que je n'avais rien pris, le vent redoubla avec tant de violence et poussa une si grande quantité de neige dans mon cachot, que mon lit en fut tout couvert et, preuve que ma chaleur était presque éteinte, la neige se congela sur moi. J'avais compté toutes les heures de la nuit, parce que le vent portait le son de la cloche du côté des créneaux du cachot, jusques à une heure. Mais après cela, j'entrai dans une telle défaillance que je ne sentais et n'entendais presque plus rien. A peine pus-je porter ma main sur mon cœur qui battait cependant encore. Je demeurai dans un engourdissement général de toutes mes facultés. Je ne percevais plus qu'un bourdonnement dans ma tête. Il y avait plusieurs heures que je ne sentais plus mes jambes et encore moins mes pieds. Cependant, j'entendis encore ouvrir la porte du cachot, quand Ru vint apporter mon dîner et je sentis qu'il me passa la main sur le visage qu'il trouva tout glacé, puis qu'il porta sur mon cœur en frappant du pied, ce que j'entendis aussi fort bien, mais le bourdonnement que j'avais dans la tête m'empêchait de distinguer les paroles. Pourrais-je persuader mes lecteurs, qu'on me laissa dans cet état-là jusqu'à sept heures du soir, que M. du Juncas, apprenant le péril où j'étais, comme je l'ai su depuis, malgré l'opposition de Rosarges et de Corbé, me fit secourir. Il envoya Lécuyer, capitaine des portes, qui, assisté de Ru et de Boutonnière, m'enlevèrent tout raide et transi de froid du cachot, pour me porter dans la première chambre de la même tour où ils allumèrent un grand feu, me frottèrent les narines, les tempes et les lèvres d'eau-de-vie pour me faire revenir. Quand ils virent que je donnais quelque signe de vie, ils me laissèrent entre les mains de trois prisonniers, deux fous et un troisième, seul capable de soins intelligents.

Lorsque j'ouvris les yeux, je me trouvai dans la première chambre de la tour du Coin entre les mains de ces trois inconnus. Deux alors s'efforçaient de me soulager, pendant que le troisième paraissait fort empressé d'écrire avec le bout de son doigt, sans encre, sans plume, ni papier, sur un des pans de sa couverture, un procès-verbal de tout ce qui se passait, criant à tue-tête qu'il allait l'envoyer au roi et à l'archevêque de Paris, pour faire rompre vifs mes tyrans, comme ils le méritaient.

Le sage s'appelait Cardel (1). C'était un protestant de la ville de Tours qui, après avoir voyagé en divers pays de l'Europe, s'était établi à Mannheim. Un homme perfide l'accusa auprès des ministres d'avoir conspiré contre la vie du roi ; les ministres le firent enlever. Il fut plongé dans la Bastille et quoiqu'on ne lui trouvât aucune preuve du forfait, il y demeura plus de trente ans et y mourut malgré les sollicitations pressantes de divers ministres étrangers. Cardel a toujours montré la plus grande fermeté. Il souffrit avec patience les plus grands maux plutôt que de renoncer à sa religion. Il était instruit, honnête. Tout le temps que j'habitai la chambre, il fut mon consolateur et mon soutien.

Le second prisonnier, c'était Augustin Charbonnier, né dans les environs d'Alençon (2). Il avait beaucoup d'es-

(1) Cardel dit Dunoyer était ministre protestant. Un ordre de Seignelay le fit incarcérer à la Bastille le 2 mars 1689. Le 23 mai 1694, il fut transféré à Sainte-Marguerite. En 1699, il était à Vincennes et fut transféré à la Bastille le 4 août. Il mourut à la Bastille le 13 juin 1735.

(2) Augustin Charbonnier, normand, gazetier, était incarcéré à la Bastille depuis le 3 juillet 1659. Il fut transféré à Bicêtre le 21 mars 1705.

prit, mais la prison et une dévotion outrée lui avaient tourné la tête. Il priait sans cesse, mais sans ordre et sans but. Il avait environ quarante ans alors et il y en avait dix qu'il était en prison. Il avait d'abord été mis à Vincennes. On l'y avait très mal traité. Aussi, en peignait-il le gouverneur de la manière la plus risible en son jargon biblique. Les sermons qu'il donnait aux officiers de la Bastille n'étaient pas moins tranchants. Ce malheureux fut transféré de la Bastille à Bicêtre où il est mort. Son crime était d'avoir fait des gazettes satiriques.

Mon troisième compagnon était Jacques Aubert (1), de Vassy en Champagne, petit homme, haut de quatre pieds, ayant la tête et les épaules énormes, mais grosses aux dépens du reste. Il avait la mine d'une bouteille renversée. Quelques cheveux ornaient sa tête comme on en voit encore sur les crânes épars des cimetières. Sa barbe était couleur d'airain; ses yeux ronds. Son front n'avait pas la hauteur d'un pouce. Ce petit monstre s'était fait, de protestant, catholique, sans avoir amélioré son sort et il ne méritait pas un meilleur sort. C'était pour avoir fait le nécromancien qu'il avait été arrêté, mais il pouvait l'être comme corrupteur de la jeunesse, recéleur, etc. Sa méchanceté était égale à sa laideur.

Tels étaient les personnages avec lesquels on m'avait enfermé. J'étais toujours languissant et le froid excessif que j'avais souffert dans le cachot avait tellement affaibli mes nerfs que, pendant longtemps, je crus être paralytique de tout le corps. Je ne pouvais me tenir debout. M. Cardel faisait mon grabat. Il me donnait à manger comme à un enfant, parce que, pendant plusieurs jours, je ne pouvais porter mes mains à ma bouche. Nous nous consolions mutuellement de nos malheurs, lorsque le 4 janvier 1704, le porte-clefs ouvrit notre porte à neuf heures du matin, et fit entrer un petit vieillard que mes compagnons ne purent

(1) Jacques Aubert, de Saint-Étienne, incarcéré le 22 juin 1701 pour « sorcellerie », fut transféré à Charenton le 2 avril 1706. Le malheureux était devenu fou.

voir sans élever une huée. Le porte-clefs s'échappa. On fit en vain du bruit pour le rappeler. Le petit vieillard faisait tête à tous, comme un blaireau acculé par des mâtins dans sa tanière. Mais lorsque enfin le feu du tumulte fut apaisé, j'appris que j'avais devant moi. Pierre Pigeon, de Louviers (1). Son visage présentait plutôt celui d'un satyre que celui d'un homme. La racine de ses cheveux venait se confondre avec ses sourcils. Il avait l'œil droit plus bas que le gauche et la joue gauche plus basse que la droite, toutes deux semées d'un petit poil fauve. Ses yeux roux étaient enfoncés dans sa tête, ses longs cheveux étaient crépus. Ses jambes étaient cagneuses. Il exhalait l'odeur de fromage pourri et son esprit était encore plus mal fait que son corps. Cependant, il avait été un moteur d'intrigues de cour, et homme à bonne fortune. D'abord, intrigant chez le comte d'Olonne, fripon chez son maître comme ailleurs, ses fourberies et le commerce prohibé qu'il en fit, le firent condamner aux galères, d'où il parvint à sortir par une profonde hypocrisie. Il entreprit ensuite de faire sortir divers protestants du royaume. Il les volait, mais ce ne furent pas ces vols qui le conduisirent à la Bastille ; ce furent ses infractions aux ordonnances du roi.

Dans notre chambre, il parvint à gagner Aubert qui ne lui cédait pas en malice. Je les voyais tous les jours comploter ensemble, et ils se réunissaient contre M. Cardel qu'ils abreuvaient d'injures grossières. Un jour, il ne put retenir sa main et il répondit aux invectives de Pigeon par un soufflet. Aussitôt nos deux singes se jetèrent sur lui. J'essayais en vain de le secourir. Les coups de pied et coups de poing plurent dru comme grêle et enfin, les deux champions renversèrent leur adversaire sur son lit où ils s'efforcèrent de l'étrangler, pendant que Charbonnier, neutre dans leurs querelles, frappait de son bâton en gros et en détail sur toutes les parties sans distinction ni préférence. Le

(1) Pierre Pigeon était entré à la Bastille le 13 juillet 1701, accusé d'avoir favorisé la sortie des protestants du royaume. Il fut mis en liberté le 29 août 1713.

combat fut terminé par l'intervention des officiers de la Bastille accourus au bruit. Ils firent cesser le désordre, et, sur la déclaration, accompagnée de blasphèmes, de Pigeon et d'Aubert, M. Cardel fut traîné hors de notre chambre et renfermé dans le cachot de la tour de la Liberté. J'avais beau crier à l'injustice. On ne voulut point m'écouter. Quel fut mon chagrin quand je me vis seul avec ces fous? C'était un supplice que l'on m'imposait et il fut long. Je l'ai subi

La Bastille, vue du coin du boulevard.
Dessiné d'après nature par Gudin, gravé par Borgnet.
(Bibliothèque Nationale, Estampes.)

pendant près de huit mois et il ne finit que par une espèce de miracle. Je gémissais en silence, lorsque la Providence permit que M. du Juncas vînt visiter un capucin qui était dans la troisième chambre de notre tour. Comme il passait devant notre porte, il entendit un des fous qui badinait avec son couteau contre les grilles de notre fenêtre. Il crut que nous limions nos grilles et ordonna au porte-clefs d'ouvrir notre porte. Il entra, jeta les yeux sur moi et voyant ma situation, il détourna les regards et courut à la fenêtre pour visiter la grille. Je n'avais que la peau sur les os. J'étais jaune jusque dans les yeux, avec une barbe qui me descendait jusque dans l'estomac. Enveloppé dans la couverture de mon grabat, je ne me soutenais qu'à peine. Il vint à moi. Il entendit mes plaintes et il en fut ému. Je vis couler ses larmes. Il me protesta qu'il allait travailler à me rendre la liberté et d'abord à me faire changer de chambre. Il recommanda au porte-clefs de me donner un ordinaire distingué et m'envoya des rafraîchissements, six bouteilles de vin de Champagne et des confitures sèches. J'en fis part à mes compagnons et, dès le lendemain, on me fit monter avec quatre prisonniers qui étaient dans la seconde chambre de la même tour du Coin (13 août 1704).

En entrant dans la chambre où étaient mes quatre compagnons futurs, je leur fis autant de peur qu'ils me causèrent d'étonnement; car, quoique j'eusse fait ma toilette avec soin, ma figure n'en était pas moins hideuse, mais les bouteilles qui suivaient les rassurèrent. Le Nestor de la chambre était un vieillard de soixante-douze ans, Jean Bonneau. Fils d'un ministre, son père l'avait destiné au ministère, mais son penchant vers le libertinage l'avait porté vers d'autres objets. Il avait étudié à Montpellier, puis était venu à Paris où il avait vendu sa religion pour cent écus de rente et la bibliothèque de son père pour une somme égale. On ne connaissait d'autre cause de sa détention qu'une débauche crapuleuse. Tel était notre ancien. Celui qui en approchait pour l'âge était un Irlandais des environs de Limerick, nommé Mathias du Walle, gros homme blond que les années commençaient à courber. A force de manger, occupation qui faisait son étude et son délassement, il était devenu si gras et si replet, que son ventre aurait pu le disputer en grosseur à celui de Sancho Pança. Par la même raison, les traits de son visage, qui paraissaient avoir autrefois été assez réguliers, étaient devenus bouffis, d'un rouge sanguin. Il avait commencé par être matelot. Des actions de courage et les circonstances l'avaient élevé à la dignité de capitaine de vaisseau. Tantôt agent de la Cour de Londres, tantôt celui du roi

Jacques, il se serait enrichi aux dépens de ces deux rivaux, si sa gloutonnerie, son ivrognerie, ne lui avaient fait dévorer sa proie, bientôt après qu'elle lui était tombée dans les mains. Livré à un de ses compatriotes qui projetait de l'enlever pour le conduire à Londres, il fut mis à la Bastille avec lui, parce que le ministre français avait su que celui qui se proposait de le trahir avait eu des conférences secrètes avec les ministres de Guillaume. Mais du Walle était loin de le savoir et était puni comme complice d'une trahison dont seul il devait être victime.

Le troisième se nommait Samuel Pouilloux. Il était gros, de moyenne taille et approchait de ses cinquante ans. Assez bien fait, sept à huit années de prison l'avaient tellement changé que, quoique je l'eusse parfaitement connu, j'avais peine à le reconnaître. Il était de la religion réformée et d'une affabilité si attrayante qu'elle lui avait concilié l'amitié de ses bourreaux mêmes. Sa religion l'avait fait sortir de France, et le roi Guillaume l'estima et le protégea. Il rentra en France pour consoler et soulager ses frères, et il s'y employa à découvrir les secrets de la Cour de Saint-Germain pour en dissiper les projets. Il y réussit assez bien. Après la paix de Ryswick, il se préparait à passer en Hollande pour y finir tranquillement ses jours, lorsqu'il fut trahi par un de ses parents. Il fut arrêté et conduit à Vincennes, où il gémit pendant plus de cinq ans. Enfin, il fut transporté à la Bastille où il mourut dans mes bras, le 11 juin 1705.

Le quatrième se nommait Germain Gringalet. Il était de Verni dans le pays de Gex. C'était un homme d'environ quarante ans, d'une taille courte et ramassée. Sa tête grosse et hideuse était ombragée de quelques cheveux d'un noir d'ébène. Son front écrasé était ridé comme l'écorce d'un vieil ormeau. Ses yeux, enfoncés sous ce front, étaient petits et louches. Son nez était écrasé, sa bouche découvrait lorsqu'il daignait rire, des dents aussi larges que des ongles. Toute cette face ambiguë était couverte jusqu'au bord des yeux d'un crin rude et noir comme celui qui orne la hure d'un sanglier. On ne pouvait l'approcher sans qu'il fît bondir le cœur, mais il ne put réussir dans le métier qu'on lui avait fait embrasser, et il s'engagea dans un régiment qu'on levait pour la république de Venise. Il guerroya dans la Dalmatie et dans la Morée, où il fut livré par son capitaine à une galère de Malte pour y servir comme esclave. C'était une peine qu'on lui infligeait pour avoir tué et mangé les ânes qui portaient les bagages des officiers. Il échappa à l'esclavage en fuyant sur un vaisseau français. Il fut à Genève, d'où on l'envoya en Hollande. Il s'engagea pour être l'espion de la République dans plusieurs ports français, et remplit cet office à Saint-Malo et à Brest assez heureusement, mais se voyant sur le point d'être découvert, il s'enfuit à Paris, où il raconta ses affaires à un faux frère qui le décela, et il fut plongé dans le gouffre de la Bastille où il resta longtemps et où il eut le temps de devenir un grand philosophe et de répandre les adages latins dont il enrichissait ses discours.

On voit que j'avais peu gagné en changeant de domicile. La chambre, cependant, avait plus d'air que celle que je venais de quitter, et les soins de M. Pouilloux l'avait rendue plus propre. On y voyait une fenêtre qui fermait avec des châssis coulants, une cheminée à l'antique, une armoire. Près de la porte, une plus petite conduisait à des latrines construites dans l'épaisseur du mur. Elle était pavée de plâtre et le plancher était traversé de grosses poutres. Le premier spectacle que m'y donnèrent mes compagnons, fut la flagellation de Bonneau, punition infligée par le philosophe Gringalet pour le plus grand bien du patient. Je voulus m'y opposer, mais le vieillard lui-même voulut être fouetté. Cette correction paternelle le tenait, disait-il, en vigueur. J'eus ensuite à me garantir de la voracité de du Walle, de la saleté de Bonneau, de l'impertinente science de Gringalet. Je me consolai en faisant des vers, en conversant avec M. Pouilloux, mais quand la mort m'eut enlevé celui-ci, mon malheur s'accrut encore. Pigeon vint le remplacer. Bientôt, il fut intime avec Gringalet qu'il appelait l'âne d'Aristote. Dix fois par jour, ils se brouillaient et se raccommodaient. Souvent ils en venaient aux coups. Puis, ils s'essuyaient le visage et se donnaient une main de paix. A ces moyens de me rendre la vie insupportable, le neveu du gouverneur en joignit bientôt d'autres. Je m'en étais fait un ennemi furieux et irréconciliable en racontant ses prouesses amoureuses que j'avais apprises de Schrader. Celles que je racontais étaient bien moins odieuses qu'une autre dont le porte-clefs vint nous faire un jour le récit. Il entra dans notre chambre tout épouvanté et sanglant. Il nous dit que Corbé avait jeté les yeux sur une prisonnière jeune et belle, mais plus sage encore que belle. Il tenta vainement de la séduire par l'exemple, par les présents, par les menaces. Furieux du mépris qu'il en essuyait, il ne respira que la vengeance. Il profita du moment où elle entendait la messe pour faire un trou dans sa chambre. Il l'en accusa quand elle fut de retour, et sous ce prétexte, il la fit traîner au cachot par son domestique. Le porte-clefs l'avait rencontrée lorsqu'on la traînait par les pieds et l'indignation lui avait fait jeter le domestique par l'escalier et, prenant la jeune fille entre ses bras, il l'avait reportée dans son lit. Elle ne fut délivrée que pour un moment, car Corbé la fit enfermer dans un pourpoint de pierre où cette infortunée s'étrangla quelque temps après.

Pigeon nous raconta qu'il avait été mis précédemment dans une chambre où il avait trouvé deux prisonniers. L'un était Cottereau (1), né à Nîmes, de la religion réformée. Il était bon botaniste et en cette qualité, il voyagea en Angleterre et fut reçu chez les grands. Il se servit de cette facilité pour faire le rôle d'espion. Il le fit longtemps et revint ensuite en France pour solliciter quelque récompense pour ses fidèles services. Ses demandes importunèrent, et, pour s'en délivrer, il fut mis à la Bastille. L'autre se nommait

(1) Jean Cottereau, fleuriste du roi, entré à la Bastille le 16 mai 1698. Les écrous le qualifient « protestant, mauvais converti » et l'accusent de discours contre le roi et de libelles contre Mme de Maintenon, ainsi que de voyages suspects en Angleterre. Transféré un certain temps à Vincennes, il fut ramené à la Bastille le 3 septembre 1715 et en sortit le 12 septembre.

Claireau (1). Il était de Tours et avait été garçon de boutique. Il était bel homme, chantait au lutrin avec grâce, avait une voix belle et touchante. Il crut pouvoir faire plus que de manier l'aune; il prêcha dans les maisons et eut bientôt la vogue la plus extraordinaire. Les filles et les femmes en furent engouées. Sa réputation se répandit et l'archevêque de Paris lui fit défendre de prêcher. Les sollicitations de ses dévotes lui firent négliger la défense. Il recommença à prêcher et toujours avec un plus grand succès. Ce fut là le crime qui le fit enfermer à la Bastille, d'où l'argent et les sollicitations de son troupeau le retirèrent quelque temps après.

Telle était ma situation, lorsque le 21 novembre 1705, on nous fit descendre, Mathias du Walle et moi, pour nous faire entrer ensemble dans la seconde chambre du Puits où j'avais déjà été avec Vanderburg et Francillon. Du Walle était furieux de ce qu'on nous enfermait dans une des chambres les plus humides. C'est là que je fus obligé de coucher tête nue pendant des mois, parce qu'on m'avait enlevé mon bonnet de nuit et mes souliers, ce qui m'attira une fluxion qui me mit en danger de perdre les yeux et le nez. Du Walle jurait du matin au soir, et pour vivre en paix avec lui, j'étais forcé de lui abandonner les trois quarts de mon ordinaire. Je cherchai à me distraire en *parlant du bâton* et des voisins me répondirent. Le premier était un jeune homme digne d'un meilleur sort. Il se nommait de Bellevaux (2) et était fils du directeur général des postes de l'électeur de Cologne. Il était venu à Paris pour étudier le droit et les mathématiques. Il vivait tranquille pendant la guerre qui divisait la France et l'Empire, se croyant assez protégé par la foi publique, lorsqu'à la fin de l'année

(1) Jean Claireau ou Clereau était un garçon marchand de soie qui fut incarcéré à la Bastille du 21 février au 13 avril 1705. Les écrous le qualifient « dévôt indiscret qui tenait et faisait des assemblées d'un grand nombre de filles dans une maison particulière pour leur prêcher de bonnes choses et chrétiennes ».

(2) D'après les Archives de la Bastille, Louis-Antoine de Bellevaux, maître des postes de Dinant, y avait été incarcéré pour espionnage le 10 mars 1705. Il en sortit le 23 août 1713.

1704, il fut enlevé pour être enfermé dans la Bastille. Il ignorait encore le sujet de sa détention. Pendant deux mois, j'eus avec lui des entretiens agréables. Au milieu des fers, environné de furies inexorables, il conservait un esprit gai, un cœur content. La lecture était son amusement et sa consolation. Il ne montrait ni hauteur ni bassesse; sa fermeté ne fut jamais ébranlée, son attention ingénieuse à soulager ceux qui souffraient avec lui ne fut jamais épuisée. Il n'est sorti de cet enfer que longtemps après moi. Un officier français, que le père de Bellevaux avait reçu dans sa maison, où il s'était guéri de ses blessures, voulut lui témoigner sa reconnaissance en lui faisant rendre son fils. Après diverses tentatives pour pénétrer jusqu'à lui dans sa prison, il se résolut de présenter un placet au roi. Le roi le reçut, mais il le remit au ministre, qui, pour lui apprendre à ne pas se livrer au sentiment de la reconnaissance, quand il ne l'ordonnait pas, le fit enfermer lui-même dans le lieu dont il voulait arracher le fils de son ami (1). On dit que, de la Bastille, il a été transporté au château de Guise et de là à Péronne.

Je communiquai aussi avec M. Lamb qui avait suivi son père lorsqu'il accompagnait le roi Jacques en Angleterre (2). Il était ensuite retourné à Londres où il s'était rendu célèbre par ses connaissances en médecine. De là, il fut envoyé en France par la faction des Torys, pour communiquer divers projets. Mais arrêté en France, parce qu'il avait changé de nom, il fut enfermé à la Bastille, pour s'être établi à Londres. Les sollicitations de la reine, femme de Jacques II, celles de sa mère, qui réussit à gagner la maîtresse du lieutenant civil, parvinrent à lui en faire ouvrir les portes, mais il lui fut ordonné de sortir du royaume

(1) Le protecteur de Bellevaux pourrait bien être Henri de Boile, capitaine au régiment de Bourgogne-cavalerie, incarcéré à la Bastille du 1er avril 1706 au 12 octobre 1711. (Arsenal : Archives de la Bastille, 12475.)

(2) Jean Lamb, médecin irlandais, entré à la Bastille le 9 décembre 1704, en sortit le 29 décembre 1708 avec un exil. Il était accusé d'espionnage.

dans les huit jours. Forcé de partir à pied dans l'hiver de 1709, il périt de froid dans les bois d'Aix-la-Chapelle. Lamb sortait d'un cachot où l'avait jeté la perfidie d'un de ses compagnons de chambre. Cet homme, après avoir rampé des plus viles occupations à l'état méprisable de marchand de ses maîtresses, obligé de sortir du royaume, fut soldat en Hollande et aventurier en Pologne, où quelques discours indiscrets le firent renvoyer en France par l'ambassadeur de cette couronne, par l'appât séducteur d'une dignité militaire qu'il croyait déjà posséder et dont il ne perdit l'espérance que quand il fut dans la Bastille. Là, il s'occupait à inspirer de la confiance aux prisonniers, à recevoir leurs plaintes et leurs confidences, qu'il faisait ensuite passer au gouverneur. « Vous n'êtes pas encore prêt à sortir, lui dit un jour M. d'Argenson. — Ce sera, répondit le prisonnier, quand il plaira à Dieu. — Dites, reprit rudement le ministre, quand il plaira au roi, et vous parlerez plus juste, comme un bon Français. »

Par M. Lamb, je communiquai aussi avec Mme la comtesse de Pallière (1) qui, ayant un procès avec des moines, avait reçu comme vraie une lettre de cachet que lui avait offerte un émissaire de ses ennemis qui paraissait s'intéresser à elle. Ses ennemis l'accusèrent de l'avoir fabriquée et elle fut traînée à la Bastille, où une jeune nièce, qu'elle élevait, ne voulut jamais la quitter et, pendant trois ans que dura sa détention, elle y partagea ses peines et ses inquiétudes.

En frappant encore contre notre cheminée, nous eûmes encore de nouveaux entretiens avec deux hommes bien malheureux; l'un était le marquis Ferrari, Génois (2), qui

(1) Les Archives de la Bastille donnent à l'arrestation de la comtesse de Pallière des motifs un peu différents. Jeanne de Bouvant, femme d'Antoine-Armand de Robec, comte de Pallière, fut, d'après eux, incarcérée du 28 février au 31 mai 1707 pour une fausse lettre de cachet reléguant des religieux cisterciens. (Archives de la Bastille, 12542.)

(2) L'incarcération de Charles de Ferrari dura du 9 septembre 1704 au 20 mars 1705. Il était accusé d'espionnage et de mauvais propos contre le roi.

Les cachots de la Bastille. Dessin fait sur les lieux en juillet 1789. (Bibliothèque Nationale. Collection Hennin.)

vivait à Paris. Soit qu'il inspirât des soupçons, soit que sa richesse fût son crime, il fut mis à la Bastille et ne connut jamais ce qui pouvait l'y avoir conduit. Il n'en sortit que quand il eut fait porter 100.000 écus à l'Hôtel de Ville comme caution de son attachement à l'État, et il en reçut, pendant sa vie, 5.000 écus de rente qui furent aussi mal payés que les autres. Le second était un avocat, qu'une vieille haine du lieutenant civil avait plongé dans ce noir repaire, dont il ne sortit que deux ans après, sur les pressantes sollicitations de M. Basnage, intendant de Franche-Comté. Mes conversations avec ces voisins me faisaient supporter les maux que je souffrais dans ma chambre. A l'avocat qui sortit bientôt après, succéda M. Delfino, Génois, secrétaire du comte de Walstein, ambassadeur de l'empereur, qu'un vaisseau français prit lorsqu'il retournait en Portugal (1). D'abord assez bien traité, il le fut ensuite comme nous. Un jour que le porte-clefs avait apporté un dîner, que son chien aurait eu peine à manger, il voulut l'obliger à lui en apporter un meilleur. Le porte-clefs contesta et leva même la main sur lui. Delfino, indigné, le poussa hors de la chambre et sur l'escalier. Pour le punir de cet attentat, il fut envoyé au cachot et on lui ôta des mains un petit chien qui faisait son unique consolation, et ce qui est plus barbare encore, on lui cassa la tête contre les murs et, de ce chien mort et sanglant, on lui frotta le visage. Il languit quelque temps dans ces lieux; mais, sur la demande de l'Empereur, la Bastille fut obligée de rendre sa proie.

Enfin, Du Walle étant descendu pour parler à sa femme, sut persuader à M. du Juncas de nous changer de chambre et, en effet, nous fûmes renvoyés le lendemain dans la chambre que nous avions quittée. Mais il fallait que les faveurs que je recevais fussent toujours empoisonnées. On y fit rentrer un des prisonniers les plus corrompus et les plus fourbes. Il s'appelait Le Lorrain, fils d'un chapelier de

(1) Jacques Delfino, secrétaire pour la langue italienne du comte de Waldstein, ambassadeur de l'Empereur en Portugal, fait prisonnier sur mer par Coetlogon, vécut à la Bastille du 18 juillet 1703 au 1er janvier 1709. (Ravaisson. *Archives de la Bastille*, IX, 94.)

Montreuil, mais il se gratifiait du nom de comte de Soulanges (1). Sa vie avait été partagée entre les occupations et les voluptés d'un sale libertin. Selon lui, il avait été employé à d'importantes négociations. C'est dans le cours de ses exploits qu'il mérita d'être mis à la Bastille où le récit de ses prouesses enchantait le crédule Du Walle qui lui promit sa fille et, par les infamies de son gendre futur, il conjecturait que sa fille serait bien partagée et très heureuse. Un tel homme ne pouvait s'attacher à moi et j'en avais horreur. Il le vit et il complota avec le neveu du gouverneur pour me faire punir. Un jour il m'attaqua et me donna un coup de barre de bois; je me défendis et le terrassai. Mais Du Walle, qui n'entrait point dans leurs desseins, mais qui ne pouvait souffrir de voir son gendre si mal traité, se mit de la partie et bientôt je fus tout en sang. Ce combat fut un prétexte pour l'implacable neveu pour me précipiter dans un cachot, en chemise, en caleçon, n'ayant rien pour panser mes blessures sanglantes. On me refusa même de l'eau pour les laver. Mon urine et ma salive y suppléèrent. J'étais couché tout nu sur de la paille pourrie et, pendant trois jours, je n'eus que du pain sans eau. Vis à vis de moi était un homme dans un cachot où l'eau entrait par les crevasses et venait l'inonder. Je l'entendis se plaindre de l'inhumanité de nos tyrans. Je lui parlai. Il me répondit et je m'entretins avec lui aussi longtemps que le froid me permit d'avancer le nez dans les créneaux. Au travers des désordres, que ses souffrances jetaient dans son esprit, je pus apprendre son histoire. Il était Irlandais et se nommait Garry. Il était venu en France avec le roi Jacques et était parvenu au grade d'aide-major dans un de ses régiments. Ayant eu des démêlés avec son colonel, il quitta le service et s'en vint en Angleterre. Il y demeura quelque temps, puis revint en France pour y voir sa sœur.

(1) En réalité, Charles le Lorrain dit Soulanges était capitaine au régiment d'Orléanais. Entré le 21 octobre 1705 à la Bastille, il est qualifié par son écrou d'espion dangereux. Il sortit le 28 novembre 1714 avec un exil à Metz. On peut lire à son sujet *La Bastille dévoilée*, I, 59.

A Paris, il trouva un de ses compatriotes qui lui donna rendez-vous sur le boulevard Saint-Antoine. Il y était arrivé et il embrassait tendrement celui qu'il croyait son ami, lorsque tout à coup il fut environné des satellites du lieutenant criminel, qui le traînèrent à la Bastille. Il y contracta une manie qui le rendit très malheureux et ne lui permit pas de contribuer au bonheur des autres. Il y prit une extrême défiance de tous ceux qui l'approchaient. Il voyait partout des traîtres et du poison.

Je restai dans le cachot de la tour du Coin pendant vingt-deux jours, couché nu en chemise et en caleçon sur de la paille pourrie par l'humidité, n'ayant pour toute nourriture que du pain et de l'eau. J'y fus saisi d'un tremblement des mains et des pieds qui me fit craindre une paralysie universelle. Le froid, que je ressentais toutes les nuits, me causa une fluxion qui fit enfler ma tête. Enfin, un jour, sur les huit heures du soir, j'aperçus une grande clarté sur le corridor. Je me traînai promptement vers un créneau pour voir ce que c'était. J'aperçus un soldat qui portait un flambeau devant M. du Juncas. J'appelai cet honnête officier. Il s'arrêta pour m'écouter. Je lui peignis mon affreuse situation et le priai de m'en tirer. Il me dit que dans le moment il allait me visiter. Il vint un quart d'heure après. L'état où il me vit l'émut, et bientôt, de la compassion pour moi, il passa aux éclats de la fureur contre ceux qui m'y avaient plongé. Il m'annonça qu'il porterait des plaintes, il me promit de travailler à ma liberté et me fit espérer une chambre où je pourrais passer la nuit plus commodément. Peu après, Ru m'apporta de sa part une vive rôtie, une sole frite, une assiette d'asperges à l'huile et deux bouteilles de vin de Champagne. Je puis protester qu'en ma vie je n'ai jamais fait un repas qui m'ait paru si délicieux, mais il fut un peu mêlé d'amertume, car Ru me dit qu'on ne pouvait trouver où me mettre qu'à la première chambre de la même tour, avec Pigeon, Gringalet et un autre prisonnier. La Bastille était si pleine que les prisonniers étaient tassés les uns sur les autres. Au seul nom de Gringalet et de Pigeon, je pris le parti de rester dans mon cachot, moins affreux que ces fous. Je priai Ru de m'y apporter mon lit et mes hardes, car je consentais d'y demeurer jusqu'à ce qu'il y eut une place vide ailleurs, mais, lui dis-je, j'aimais mieux mourir dans le cachot que de vivre avec ces extravagants. Ru me conta que le gouverneur avait chassé son neveu de sa table en lui jetant une assiette à la tête et qu'il voulait absolument que La France sortît de la Bastille pour n'y rentrer jamais. Ru dut faire son rapport à M. du Juncas du dessein que j'avais de rester dans le cachot plutôt que de rentrer en si mauvaise compagnie. Il revint un moment après avec le major, qui me pria de ne pas m'obstiner à rester dans le cachot. Sur sa parole, je pouvais monter à la première chambre. Il ne m'y laisserait pas longtemps puisqu'il allait travailler de tout son pouvoir à ma liberté. J'obéis donc, et mon consentement à ses ordres me fut très fatal,

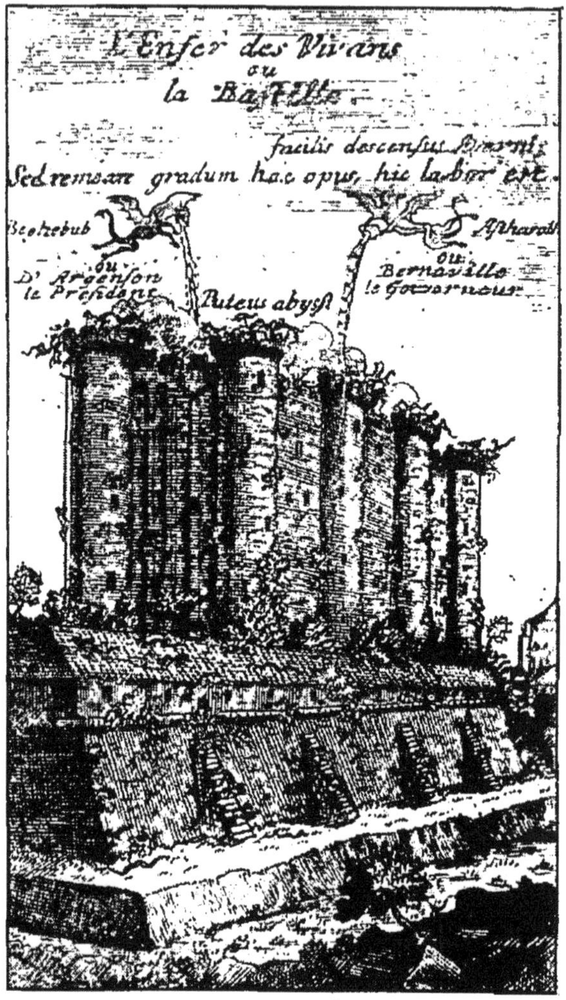

L'Enfer des Vivants ou la Bastille.
(Frontispice du récit de l'évasion du comte de Bucquoit intitulé *Événement des plus rares.*)

puisque, par un malheur sans égal, j'ai demeuré dans cette chambre depuis le 25 avril 1706 jusqu'au 13 septembre 1711.

J'ai bien perdu, en effet, à la mort de M. du Juncas. Il avait une extrême compassion de mes peines, car il était persuadé que je les souffrais injustement. Il avait du goût pour la poésie. Il était ravi quand je lui communiquais mes ouvrages. Un jour il me déclara qu'il n'y avait personne au monde à qui il eût plus d'obligation qu'à un de mes parents, conseiller au Parlement de Guyenne, et qu'il voudrait me pouvoir rendre service en sa considération. En effet, la dernière fois que je le vis, peu de temps avant sa mort, il me dit, avec un air tout réjoui, qu'il voyait beaucoup de jour à obtenir ma liberté et qu'il y avait apparence qu'il en viendrait à bout.

M. du Juncas a été empoisonné. Ru me l'a cent fois affirmé. Je ne suis pas le seul auquel Ru l'ait rapporté, et qu'on ne me dise pas que Ru n'était pas croyable parce qu'il haïssait Corbé. Celui-ci, qui croyait infailliblement obtenir la place de M. du Juncas, défendit que personne ne parlât à ce malade, qui ne fut que quelques heures attaqué des douleurs de la mort, que l'on feignit être causée par une colique. Il mourut sans administration de sacrements, sans aucune consolation de personne, et il s'en fallut de beaucoup que l'on trouvât après sa mort les sommes immenses qu'il avait laissées et qu'il avait amassées depuis très longtemps qu'il était lieutenant du roi dans ce château. Il est vrai que M. d'Argenson fit faire l'ouverture de son corps; mais ce fut par le même chirurgien qui avait donné la dose cordiale. En présence de qui fit-on l'examen des entrailles? Peut-être de ceux qui avaient pris part à la dépouille. A Dieu ne plaise que je veuille accuser ce ministre, qui peut-être n'a péché que par les formalités, mais Ru chargeait hautement Guillaume Formanoir dit Corbé. Pour M. Davignon (1), les soupçons

(1) Laurent Davignon, lieutenant du roi à la Bastille le 20 novembre 1706, mourut le 7 août 1710 et Jourdan de Launey lui succéda comme lieutenant du roi le 10.

sont encore plus violents. C'était peut-être un des plus honnêtes qui fussent jamais entrés à la Bastille, bien craignant Dieu et fort compatissant aux misères des prisonniers. Il ne pouvait souffrir les cruautés de Bernaville et encore moins les excès extravagants de son avarice. M. Davignon allait souvent en Cour, où en toute conscience il ne pouvait se dispenser de porter ses plaintes. Les puissants amis, que ce lieutenant de roi y avait, les appuyaient. Il fallait donc ou faire taire cet homme de bien ou renoncer à la tyrannie, à la lésine et à tous les profits qui en résultaient. De faire part des revenants-bons à ce généreux surveillant, il n'y avait pas moyen; il était trop homme de bien pour le corrompre. Bernaville trouva un moyen plus sourd. Il couchait en joue son cousin de Launey, qu'il avait mis en apprentissage de tyrannie à Vincennes et auquel devait succéder Saint-Sauveur, autre neveu de Bernaville, qu'il élevait pour cet effet, sous ses yeux de basilic. Quoi qu'il en soit, M. Davignon fut à Versailles où il demeura quelques jours. Il en partit tout plein de santé et après s'être bien diverti avec son frère et ses autres amis. En arrivant à la Bastille, comme il faisait fort chaud et qu'il était altéré, il demanda à boire. Le chirurgien lui donna du petit-lait qui fut la dernière liqueur qu'il but de sa vie. Survinrent des tranchées si violentes qu'elles finirent par la mort qui arriva le lendemain, sans que le gouverneur voulut permettre qu'il parlât à quelqu'un de sa famille, pas même à ses proches parents. On ne manqua pas d'attribuer cette mort à des cerneaux qu'il avait mangés à Versailles et à du vin à la glace qu'il y avait bu. Tous les prisonniers, au moins les raisonnables, furent touchés de sa mort. Ru, qui nous en dit toutes les circonstances, en nous les apprenant, pleurait.

Bernaville, voyant M. du Juncas mort, fit agir le R. P. de La Chaise, Mme la maréchale de Bellefond, sa chère maîtresse, et surtout le persuasif M. d'Argenson, pour remontrer au roi que, dans la conjoncture extraordinaire où se trouvait la France, on avait besoin à la Bastille d'un homme rude et sévère, capable d'y contenir ses ennemis dans le respect, attendu que Saint-Mars était un vieux radoteur qui n'était plus capable que de faire danser les sacs d'or et d'argent. Dans tout l'univers on ne pouvait trouver un homme plus sévère que Bernaville et cette sévérité était préférable à toutes les plus belles actions des plus braves officiers de ses armées. Le roi fut attendri à la faveur des vertus de ce bon sujet, quoique de la plus basse extraction. Mais ce qui acheva de déterminer la fortune, ce fut l'argent qu'il avait amassé à Vincennes. Il le sema dans des mains capables de mettre la férule de fer de lieutenant de la Bastille dans la sienne, qui, toute décharnée qu'elle est, est plus pesante que celle de maître Guillaume, bourreau de Paris, et porte de plus rudes coups.

Ce fut donc le 18 octobre 1706 que Bernaville fit son entrée diabolique dans la Bastille; et son premier soin fut de visiter les tristes prisonniers, non pour les soulager, mais pour aggraver leurs peines, comme on va le voir et supputer par leur nombre celui des nerfs de bœuf, des chaines, des menottes, entraves et carcans dont il aurait besoin pour leur payer sa bienvenue. Étant parvenu en la chambre d'un nommé Dubuisson (1), ce prisonnier lui fit un compliment fort honnête, dans lequel il lui fit entrevoir ce que les prisonniers de la Bastille attendaient de sa piété. Ce barbare, le regardant fièrement, lui demanda si sa réputation avait déjà franchi ces barreaux de fer. Dubuisson lui répliqua, que s'il n'était sévère qu'aux criminels il n'avait rien à craindre de sa part, puisqu'il était innocent. « C'est contre les innocents de votre espèce que je m'acharne avec le plus de fureur, lui répondit le tyran. — MM. Cardel et Charbonnier me l'avaient déjà dit, répliqua Dubuisson, mais je n'en avais voulu rien croire. — Eh bien, pour vous en convaincre, je vais vous envoyer au cachot, pour vous apprendre à me respecter et à me craindre, car pour de l'amitié, je n'en veux d'aucun prison-

(1) Dubuisson des Trésoriers, commis du marquis de Torcy, avait été mis à la Bastille le 14 décembre 1703 pour des lettres de menaces adressées à Samuel Bernard. On l'accusait aussi d'astrologie. Il fut mis en liberté le 17 septembre 1715.

Le château de la Bastille, hors la porte Saint-Antoine. Gravé par Israël (Bibliothèque Nationale. Estampes).

nier. » Puis, se tournant devers François, capitaine des portes, qui l'accompagnait conjointement avec le major et tous les porte-clefs : « Menez-le au cachot » dit-il. Et sur ce que François balançait à exécuter ses ordres, croyant qu'il se raillait, il dit fièrement : « Faites dans le moment ce que je vous commande, si vous ne voulez pas que je vous envoie vous-même au cachot. » François obéit en haussant les épaules. Dubuisson dit à ses camarades en sortant de la chambre : « Mes chers amis, voici un prélude qui sent les cuisses cassées et les jambes rompues et je vois que nous sommes tombés dans des mains qui pourront bien nous faire soupirer après la Grève. Quelle sera la suite de ce ballet qui ouvre par un Pluton qui m'entraîne aux Enfers ? » Puis, se tournant vers François : « Est-ce vous, dit-il, qui êtes le Cerbère ? — Non, répondit François, je ne suis qu'un pauvre diable qui obéit en tremblant. » Dubuisson fut trois mois au cachot pour prix de sa harangue.

La première réforme, que Bernaville fit à la Bastille, fut de boucher la plupart des fenêtres des premières chambres des tours et d'y faire attacher des chaînes dans le milieu pour y enchaîner les prisonniers qui se plaindraient de la mauvaise qualité de la nourriture, car il prenait ses mesures de loin. Comme il voyait Saint-Mars sur le bord du tombeau, il se doutait bien qu'il serait son successeur. Aussi, la mauvaise chère que nous faisait Corbé était une planche pour le suivre et le laisser même loin derrière lui dans l'affreuse carrière de la lésine. Comme donc l'eau était souvent dans les cachots où les prisonniers couraient le risque d'être noyés, il s'avisa de métamorphoser les premières chambres en cachots, de les rendre très obscures et affreuses, afin d'imposer silence à ses malheureuses victimes. Il fit des cachots jusqu'au pied des autels de la Majesté divine. Du temps de M. de Bésemeaux, les prisonniers allaient tous à la messe, mêlés les uns avec les autres. On laissait même à quelques-uns la liberté de se parler, en se promenant dans la cour, devant et après la messe. Cette facilité eut vogue, même dans le commencement du règne de Saint-Mars. Mais après la révolte des prisonniers de

Bicêtre, Saint-Mars fit mettre des paravents et des tapis dans la chapelle derrière lesquels les prisonniers entendaient séparément la messe. Bernaville, qui raffinait sur tout, trouvant cette mascarade trop libre et trop dangereuse, car les reclus trouvaient encore moyen de se communiquer malgré les précautions de son Argus, fit bâtir des cachots autour de la chapelle, chacun pouvant contenir quatre ou cinq prisonniers. Ils étaient enfermés dans cette niche sous clef, avaient une grosse grille devant eux et une avant-grille du côté de la chapelle, en outre, la fenêtre du côté de la chapelle qui fermait d'un châssis coulant, garni de verre et par-dessus de grands rideaux doubles qui empêchaient de voir ni l'autel ni ceux qui étaient dans la chapelle, où d'ordinaire se mettait Bernaville avec ses officiers subalternes et quantité de soldats. D'autres soldats armés gardaient les portes de la chapelle et des cachots. Lorsqu'on venait à lever l'hostie, on tirait les rideaux. Ainsi les renfermés n'entendaient qu'une messe masquée. Je crois qu'on pratique encore la chose et qu'on la pratiquera tant que le tyran présidera à la Bastille et que la tyrannie n'en sera pas bannie.

Dans la troisième chambre de notre tour était le père de Brandebourg, capucin. Je l'appelais jadis le prince, mais j'avais appris que S. A. S. n'était autre qu'un moine et que les équipages somptueux et le train magnifique qu'il m'avait tant vantés se terminaient à un sac, une corde et un bâton. Voici comment je le découvris. Un jour que je suppliais M. du Juncas de me tirer de la funeste compagnie où je gémissais jour et nuit, n'ayant aucun repos avec trois fous, je le conjurai de me mettre avec le « prince ». Il ne pouvait deviner qui pouvait être ce « prince »: lorsque Ru lui dit que c'était le capucin, qui avait la sotte vanité de se faire passer pour prince. M. du Juncas, après avoir ri de tout son cœur de cette fanfaronnade monacale, me protesta que j'étais moins malheureux où j'étais, que ce capucin était le prisonnier le plus incommode de la Bastille et que je ne pourrais résister huit jours avec lui. Quoiqu'il m'accusât très juste, je n'ai pas laissé de souffrir, pendant plus de vingt-deux mois que j'ai été enfermé avec ce Révérend Père, tout ce que la prison a de plus rigoureux. J'avais pour témoin, associé de mes souffrances, M. Janiçon de Montdevis (1). J'ai vu cet anthropophage exiger nos deux soupes et nos deux bouteilles de vin, pour accorder une pipe de tabac à ce pauvre jeune homme et dévorer nos deux ordinaires et boire notre vin, sans nous en offrir une goutte en riant à gorge déployée, comme s'il avait fait l'action la plus réjouissante. Bien m'en prenait de ne faire aucun usage du tabac. Depuis le haut de la tour jusqu'au bas, les prisonniers, qui connaissaient sa voracité famélique, lui envoyaient les restes de leur dîner ou plutôt ce qu'ils s'étaient épargné dessus, principalement ceux qui avaient la démangeaison d'écrire, car ce béat père leur donnait le quart d'une feuille de papier gris pour la moitié de leur viande. Souvent les prisonniers, rebutés de ses importunités, lui avaient envoyé un morceau de bœuf bouilli dans un mouchoir sale, plein de tabac et qui n'avait blanchi depuis un mois ou dans un chausson pourri au pied du bienfaiteur. Quand ils y auraient mis de la plus fine, tout y aurait passé. Il avalait ces excellents mets avec plus d'avidité qu'un chien de chasse, quoiqu'ils eussent passé en outre par la cheminée, par des trous capables de dégoûter tous les chats. Sans foi, sans religion, sans l'ombre même de la moindre dévotion, il s'efforçait de faire croire aux prisonniers que j'étais un hypocrite parce qu'il me voyait prier Dieu, action que je ne lui ai jamais vu pratiquer. En vingt-deux mois, je ne l'ai pas vu lire un seul feuillet de son bréviaire. Les jours que ce bon chrétien commençait, c'était encore pire. Était-il rentré dans notre chambre, pour actions de grâces il chantait les chansons les plus dissolues. J'en rapporterai quelques-unes de ses plus favorites et des moins scandaleuses. Après quoi il dansait avec ses deux

(1) Janiçon de Montdevis, commis des fermiers des marchés de Sceaux et Poissy, qualifié par les écrous d'*espion politique*, fut incarcéré à la Bastille du 20 décembre 1708 au 24 décembre 1714.

énormes sandales pesant chacune au moins cinq livres, de la manière du monde la plus ridicule et la plus risible, car jamais homme du monde n'a été plus lourd et moins adroit. Un jour qu'il sortait de la table sacrée, il entreprit de prouver qu'il y avait moins de péché et infiniment plus de plaisir à commettre le crime abominable, qui attira le feu du ciel sur les villes impudiques, que d'avoir la connaissance d'une fille, et de nous faire connaître par mille affreuses raisons, qu'il en était parfaitement convaincu. Il fit un traité où, feignant de prouver la divinité de Jésus-Christ, il citait tous les passages de ses plus cruels ennemis et se servait de l'autorité de tous les philosophes de l'Antiquité et des modernes qui ont eu la témérité d'écrire contre la divinité même. Ce qu'il y a de plus prodigieux dans ses accusations si monstrueuses, c'est que le zélé Bernaville et le vénérable Père Riquelet même ne l'ignoraient pas, et cependant ils fermaient les yeux sur une vie si diabolique. J'ai entendu, et tous les prisonniers l'ont entendu avec moi, ce révérend Père rompre sa porte, à force de frapper pour se faire apporter de la viande en carême et jurer le saint nom de Dieu avec des blasphèmes épouvantables, comme le plus féroce de tous les charretiers embourbés dans la Basse-Bretagne. Dieu, qui m'est témoin de ce que j'écris, sait que c'est la vérité, et je le prie de me punir, si je la déguise. Cependant, il y a des personnes assez aveuglées pour courir après ce scandaleux défroqué comme après l'homme du monde le plus poli et le plus galant. Comment des dames, soigneuses de leur réputation, peuvent-elles souffrir une langue de serpent qui déchire de gaîté de cœur, par une jactance abominable, les personnes de la première qualité, et peut-être les plus innocentes?

Avant de clore ce sujet, je vais donner quelques-unes des chansons de ce moine à mon lecteur, de celles au moins incapables de lui faire horreur, car il en chantait de si infâmes que j'aurais honte d'en salir mon papier :

Ah Dariolette!
Si douillette!
Si blanchette!

Je connais sur l'étiquette
Que tu ne t'en feras prier,
Car lorsque le chevalier
Avec la dame a fait emplette,
C'est la raison que la soubrette,
S'esbaudisse avec l'écuyer.

ou :

Lucas a dans sa famille
Douze enfants se portant bien.
Il court un bruit par la ville,
Que si chacun reprend le sien,
Le sieur Lucas n'aura plus rien.

ou :

Un jour d'été, Charlot
Pressait d'amour Charlotte.
Charlotte le prit au mot.
Charlot la prit par la... cotte.
Ah! la pauvre Charlotte!
Ah! le pauvre Charlot!

ou :

Tout Paris est à la nage
Le long de ce rivage.
Ah! que de corps nus!
Ici les cœurs sont émus,
Quand les yeux vont au fourrage.
Que de cœurs sont au pillage,
Que les coups d'amour sont drus!
La coquette la plus sage,
N'y revient pas davantage;
Quand les baigneurs n'y sont plus,
Ses bords sont peu courus.

ou :

Lucas, revenant au logis
Avecque des gens de sa sorte,
Dit à Pierrot dessus sa porte :
« Où ta mère est-elle, mon fils ?
— Elle est dans la chambre prochaine
Dit-il, avec un capitaine.
— Pourquoi n'y restes donc tu pas?
— Ils vont faire caca, mon père,
Car j'ai vu qu'il troussait ma mère
Et qu'il avait ses chausses bas.

Je ne finirais jamais, si je voulais rapporter toutes les chansons de ce *pieux anachorète* dont je ferais un volume plus gros que tous les ouvrages de musique de

M. Étienne Roger. M. Kreutzer, qui avait toutes les chansons peut-être qui ont été imprimées; qui jouait du clavecin fort proprement et qui en avait fait venir un dans sa chambre pour charmer son chagrin, s'était épuisé à les entasser dans la mémoire de ce bon religieux. Dès qu'il en entendait chanter une, et surtout une dissolue, il ne dormait pas qu'il ne l'eût écrite et apprise par cœur. Un certain M. Monicart (1), trésorier des guerres à Metz, et qui, je crois, avait été autrefois des Plaisirs du roi, qui dansait et chantait assez bien, lui en apprit une quantité prodigieuse. Comme cet Orphée, — c'était le sobriquet de guerre que nous lui avions donné à la Bastille, — était dans une chambre au-dessous de la nôtre, c'était un spectacle assez risible que de voir cette Révérence étendue sur le plancher comme un chien, son oreille appliquée au trou que M. Janiçon y avait fait exprès, passer toutes les nuits à apprendre des chansons et demander toujours les plus moelleuses. C'était un charme de le voir répéter ses leçons, la bouche appliquée à ce trou, et la barbe passée au travers, que son maître lui tirait toutes les fois qu'il manquait et souvent assez fort pour lui en arracher quelques poils. C'étaient là ses méditations nocturnes et pendant que ses frères séraphiques nazillaient leurs matines ou psalmodiaient les louanges de Dieu, lui de son côté chantait souvent des hymnes qui semblaient avoir été composés par des habitants de Sodome, car la chanson intitulée *les Antiques de Rome*, et tout ce que les libertins de Paris ont fait de plus sale, entraient dans la collection du Révérend Père et, jour et nuit, ce bâtard de Saint-François chantait ces cantiques spirituels avec une voix capucinale. C'est ce qui me fit composer ces vers :

Florent sait tous les opéras,
Mais il chante comme un coquâtre (2).

---

(1) Jean-Baptiste Monicart, trésorier de France à Metz, fut incarcéré le 11 décembre 1710 à la Bastille comme « traître à la patrie ». Il en sortit le 28 novembre 1714.

(2) Eunuque.

Que ne peut-il comme Campra,
Quitter le chœur pour le théâtre?

Quoi qu'il s'en faille beaucoup que ces vers ne soient marqués au bon coin, la promptitude avec laquelle je les composai fera aisément connaître que j'aurais pu faire mieux, si loin d'être sur le Parnasse, je n'eusse pas été plongé dans l'enfer. Si je rapportais ici le quart de nos amusements poétiques, j'aurais plus de raison d'intituler ce livre *Osia Basiliaca* ou *le Prisonnier en enfer* que de lui donner le titre d'*Histoire de la Bastille*. Je les passerai donc sous silence et je ne mentionnerai plus ici que la dernière épître que j'envoyai à M. de Bellevaux par Jean Pierre Molain dit Brisefer (1) qui fut transféré de la seconde chambre de notre tour où je lui parlais tous les jours, dans celle de M. de Bellevaux. Quand Molain m'eut averti que Bernaville lui avait ordonné de se tenir prêt à passer avec M. de Bellevaux, voici les vers dont je le chargeai pour cet ami, sous le nom d'Atys :

Atys qui, comme moi, gémis dans cet abîme,
Et de qui la patrie est imputée à crime,
Pour trouver un prétexte à punir l'innocent,
Veux-tu bien que ma plume allège ton tourment?
Veux-tu bien qu'un ami, pour adoucir ta peine,
Lime les nœuds cruels d'une pesante chaîne?
Je sais bien que tes fléaux sont moins grands que ton cœur,
Mais un mal partagé soulage la douleur.
Tu trouves dans toi seul un souverain remède :
La solide vertu n'eut jamais besoin d'aide.
Tu fais de ton réduit un ravissant vallon.
Quand on est comme toi favori d'Apollon,
Il n'est point de cachot que ta Muse n'éclaire.
Le lieu le plus obscur voit briller sa lumière.
Que n'aye-je eu le bonheur aggravé sous mes fers,
De jouir de tes feux dans ces sombres Enfers!
Abreuvé des torrents de ta féconde veine,
Pour courir jusqu'au bout, j'aurais repris haleine.

---

(1) Germain Armilhat dit Jean-Pierre Molain ou Molin, déserteur et espion, d'après les écrous de la Bastille. Il fut transféré de Fort-l'Évêque le 19 décembre 1705. Il fut mis en liberté le 14 décembre 1714.

Les maux les plus cuisants m'auraient paru légers.
J'aurais sous ton auspice affronté les dangers,
Bravé tous les tourments dont la prison m'accable,
D'un antre douloureux fait un lieu délectable,
Et malgré mes revers, charmé de ses attraits,
Attendu les faveurs que nous promet la Paix.
A ta voix, notre Styx deviendrait le Permesse
Enivré de tes eaux, cette divine ivresse

Vue de la Bastille prise des Fossés Saint-Antoine.

Dessiné par Garneray, gravé par Guyot.

(Bibliothèque Nationale. Collection Hennin.)

Aurait joint à mes yeux une noble fureur
Pour mêler à tes vers les transports de mon cœur.
Ecoutant tes essais sur Perse et sur Horace,
Ce château redouté m'eût semblé le Parnasse.
Eclairé de ton feu j'aurais suivi tes pas.
A l'aide d'un tel guide on ne trébuche pas,
Mais un cruel tyran, qui m'opprime et m'outrage,
Redouble les horreurs de mon dur esclavage.
Ce tartufe obstiné, de mon repos jaloux,
Pour me pousser à bout, m'enferme avec trois fous.

Peut-être que le ciel, lassé de ma souffrance
A la fin voudra bien couronner ma constance,
Et pour récompenser et mon zèle et ma foi,
Il bénira mes vœux en m'approchant de toi.
O le bienheureux jour, si le ciel nous l'accorde!
Déjà nous avons vu l'éclat de la Concorde;
Cette fille du ciel a fait briller son nom
Et pour le célébrer rend la voix au canon.
J'ai vu de Shrewsbury (1) la magnifique entrée
Qui nous promet les jours de Saturne et de Rhé.
J'entends partout crier : « Vivent Anne et Louis! »
D'un spectacle si beau mes yeux sont éblouis.
Nos maîtres sont d'accord : la Discorde et la Haine
Vont porter désormais le poids de notre chaîne.
Pour plonger aux Enfers le démon des combats,
Que Marlborough revienne et fasse encor deux pas.
Et Bellone à la Paix va céder la victoire.
Alors, Atys, alors je pourrai t'embrasser.
Mon invincible amour, bien loin de s'effacer,
Reprendra sous tes yeux une flamme nouvelle,
Et, même après la mort, je te serai fidèle.

Celui qui remit ces vers à M. de Bellevaux, ce Brisefer, des environs de Castelnaudary, est un des bons enfants que j'aie connus à la Bastille. Sitôt qu'il fut mis dans le cachot, à peine la porte était-elle refermée, qu'il arracha la chaîne qui était cramponnée dans le milieu de ce lieu affreux. Cette chaîne était plus grosse que le bras et composée de quatre branches entrelacées, qui la faisaient plus souple, en étant plus forte. Il enleva le pavé d'une grosseur prodigieuse où elle était attachée, le brisa, et cela, en moins de temps qu'il ne fallait pour l'écrire, et de la chaîne il se mit à battre les murs, comme il aurait fait avec un fouet. Cependant, elle pesait plus de 100 livres. Il fallait entendre ce carillon, dont les voûtes retentissaient d'une manière effrayante. Il accordait cette musique avec sa voix. Il chantait des chansons, toutes des plus réjouissantes, capables de faire rire Héraclite. Quand, à midi, le porte-

(1) Charles Talbot, comte, puis duc de Shrewsbury (1660-1718). En novembre 1712, Shrewsbury fut envoyé à Paris pour accélérer les négociations de la paix. Le roi le logea à l'hôtel de Soissons, mais il ne prit pas part au traité d'Utrecht.

clefs ne lui apporta que du pain et de l'eau, nous entendîmes qu'il lui dit : « Ru, apporte-moi à manger, si tu ne veux pas que je te mange la première fois que tu rentreras ici. — Pourquoi, lui disait ce porte-clefs, avez-vous brisé la chaîne du cachot? — Parce qu'elle me déplaisait et qu'elle m'empêchait de me promener librement dans mon Louvre. Ru, ton tyran peut me mettre où il voudra, cela dépend de lui, mais il faut qu'il me donne à manger, puisque le roi le veut et qu'il lui donne de l'argent pour cela. Il me faut de la soupe ou je ferai un vacarme diabolique. » Lorsqu'il entendit que Ru avait servi tous les prisonniers de la tour sans lui apporter à manger, il se mit à travailler ses portes et, en moins d'une demi-heure, il les rompit. Il en fit autant de la porte de la montée du cachot plus forte que les deux autres. J'aurais souhaité de tout mon cœur qu'il vint briser la nôtre et j'aurais volontiers partagé avec lui mon dîner quelque exigu qu'il fût. Il se contenta de frapper à la porte de la cour et d'appeler le porte-clefs. « Ru, criait-il de toute sa force, apporte-moi de la soupe et viens refermer les portes que Brisefer a ouvertes. Viens vite, te dis-je. Autrement j'ouvrirai celle-ci. » Ru vint enfin, mais au lieu de lui servir son dîner, il lui apporta toutes les chaînes dont j'ai fait la description. Elles étaient traînées par trois ou quatre soldats, plus de dix archers de la Passion escortant le serrurier de la Bastille qui devait les attacher. Le major et le capitaine des portes étaient à la tête d'une troupe d'autres satellites armés de nerfs de bœuf et de bâtons. A l'aspect de cette escorte effroyable, Brisefer, que les bourreaux n'appelaient que le Grivois, fit des éclats de rire, loin de s'épouvanter. Et sur ce que les satellites levèrent les bâtons et les nerfs de bœuf pour le frapper : « Major, dit-il, si tu souffres que l'on me frappe, tu es mort. Je t'étrangle de mes mains. Tu sais l'accord que j'ai fait avec M. du Juncas, que je ne frapperais personne tant que je ne serais pas frappé. — Pourquoi, répondit le major, ne demeurez-vous pas en paix? Pourquoi nous obligez-vous à vous corriger? — C'est vous qui ne me laissez pas en paix. Laissez-moi seul dans une chambre ou en compagnie de gens raisonnables et je ne dirai mot, mais tant que vous me plongerez dans des cachots et que vous m'y voudrez faire mourir de faim, je tâcherai de me soulager. Cela est fort naturel. » Pendant qu'il raisonnait, dix happechairs le tenaient de tous côtés pendant qu'un serrurier lui rivait les fers aux pieds, au cou et aux mains. Quand ils eurent achevé, il leur demanda audience et, devant tous les ouvriers et satellites de la Bastille, il leur parla ainsi, ce que j'entendis fort distinctement : « Si vous voulez que je sois raisonnable, traitez-moi comme un homme et non pas comme le tigre le plus féroce. Si j'ai mal fait au roi ou à l'État, qu'on me fasse mourir. J'y consens, si vous voulez me retenir prisonnier pour raison d'État, agissez envers moi comme on doit agir envers un prisonnier d'État. Est-ce l'intention du roi qu'on me charge de plus de chaînes que n'en pourrait porter un cheval? Otez-les moi de bonne grâce, sinon je vous déclare devant tous ceux qui m'écoutent, que je me serai bientôt dégagé de ces fers et, après, je m'en servirai pour renverser la tour où vous allez m'enfermer, et je ne plaindrai que les prisonniers qui seront ensevelis sous les ruines. »

Il était cinq heures quand ils eurent terminé la cérémonie de lui attacher les fers, de raccommoder les portes et de l'enfermer dans son cachot. Avant six heures, chose étonnante mais très vraie, il s'était dégagé de tous ses fers et loin de rompre la porte comme il avait fait à midi, il se mit en devoir de la murer en dedans. Pour cet effet, il se servit de ses ferrailles pour démaçonner la tour. Il en tira des pierres que trois hommes avaient de la peine à remuer. La quantité qu'il en arracha, en moins de quatre heures, est chose incroyable. Il ébranla toute la tour, ce qui obligea tous les prisonniers à frapper aux portes pour avertir du péril où ils étaient. Je criai à la sentinelle que la tour allait être renversée. Comme ils ne pouvaient comprendre ce qui les empêchait de venir remédier au désordre, nous nous tournâmes vers Brisefer et le conjurâmes de faire cesser nos alarmes en cessant son ouvrage. A la fin, il y consentit en nous priant de sortir le lendemain de la tour, car il voulait absolument la renverser et qu'il nous donnait tout le jour pour fléchir le gouverneur.

Dès le lendemain, au point du jour, les officiers vinrent nous visiter : nos alarmes leur paraissaient ridicules. Mais quand ils furent au cachot, dont ils ne purent jamais ouvrir les portes (ils n'avaient garde ; il y avait plus de dix charretées de pierre derrière) et qu'ils eussent regardé par les créneaux où ils montèrent par des échelles, ils en vinrent aux supplications qu'ils firent très humblement à Brisefer. Ru avait beau lui protester qu'on allait le mettre dans la plus belle chambre de la Bastille. Il ne voulait pas le croire. Il fallut que M. du Juncas vînt lui-même lui protester sur sa foi qu'on lui donnerait toute satisfaction et que M. d'Argenson lui procurerait sa liberté s'il voulait servir le roi. Il se rendit sur sa parole. La question fut de démaçonner la porte. Il y travailla depuis environ huit heures du matin que son traité fut fait avec le lieutenant du roi jusqu'à cinq heures après-midi. Si ce pauvre homme, qui n'avait mangé qu'un pain depuis deux jours, avait été pris de défaillance en travaillant avec tant d'activité, je crois certainement qu'ils l'auraient laissé mourir dans le cachot. Ru me fit descendre le même jour dans le cachot pour voir le beau ménage que Brisefer y avait fait. Il avait creusé la tour en plusieurs endroits et le cachot était plein, presque jusqu'à la voûte, des pierres qu'il avait tirées. Six maçons y travaillèrent toute une semaine.

On mit Brisefer dans une belle chambre avec M. de Bellevaux, mais quand il s'agit de faire prendre parti au prince des Grivois comme ils l'appelaient, il ne voulut jamais, alléguant qu'il ne pouvait se résoudre à porter les armes contre les Hollandais auxquels il avait juré fidélité. On eut beau lui remontrer qu'étant né sujet du roi, sa naissance l'emportait sur tous les serments, il répondit constamment qu'il aimait mieux mourir que de fausser sa foi. On crut que c'était M. de Bellevaux qui lui inspirait une si généreuse fermeté. On maltraita celui-ci et, enfin, on le mit au cachot. Brisefer voulut obliger les officiers à lui rendre son compagnon. Il murmura et fit du bruit. On n'eut garde pour le coup de le remettre au cachot. On le mit dans un petit pourpoint de pierre : c'est ainsi qu'ils appelaient un petit cachot haut et large de six à sept pieds. Pour l'empêcher de démolir ce charmant domicile et d'en jeter les débris dans la cour dite du puits, ils lui mirent des menottes si fortes que le serrurier protesta qu'il était impossible de les rompre. Elles étaient battues à froid et Ru nous affirma que le seul cadenas avait coûté cinquante livres. J'entendis distinctement le major qui lui disait : « Grivois, si vous rompez cette paire de manchettes, je vous donne un merle blanc. » La porte de la cellule fermée, le major et le serrurier n'étaient pas dehors de l'escalier que Brisefer avait brisé les menottes et le cadenas et se prit à frapper à la porte avec ce bijou en criant : Major du diable, apporte-moi un merle blanc, voilà tes ferrailles. » On fut contraint pour faire la paix avec lui de le remettre avec M. de Bellevaux qu'on retira du cachot à cet effet. Molain était officier subalterne dans le régiment de Walef, dragons anglais au service de la Hollande. J'ai vu ici des officiers de ce régiment, qui m'ont parlé de ce Molain en de très bons termes et se louaient fort de sa bravoure. C'est un homme de moyenne taille. Nos tyrans le voulaient faire passer pour sorcier, mais tout son sortilège consistait dans ses bras, ses jambes et ses pieds qu'il a extraordinairement gros.

Lorsque je fus arrivé à La Haye, je présentai une requête aux États Généraux pour les supplier de vouloir réclamer, suivant le traité de paix avec la France, tous ceux qui étaient retenus à la Bastille pour avoir suivi leur parti. J'ai mis tout en usage pour procurer la liberté à ce brave esclave, mais comme je n'ai pu en apprendre des nouvelles, je crains bien que cet Alcide n'ait péri dans le feu de l'enfer du cruel Pluton Bernaville. Au moment où je fis mon épître à Atys, le 22 juin 1713, onze jours exactement après l'entrée magnifique de milord duc de Shrewsbury, que je pus voir de la tour, je n'aurais plus dû être à la Bastille. Ma lettre de cachet pour ma délivrance y était arrivée dès le 16 juin. Mais le tyran Bernaville, pour achever de me traiter avec la même barbarie qu'il avait commencé, ne me fit sortir que le 4 du mois suivant pour être banni hors de France sans la moindre formalité et de la pleine autorité de M. d'Argenson, qui nous bannissait par centaines. Ce qui est d'une injustice inouïe, car le commandant de la Bastille n'a plus le droit de retenir son prisonnier, un seul moment après la réception de sa lettre de cachet. Je fus donc envoyé avec le R. P. Florent de Brandebourg, capucin, le frère Fidèle, autre capucin, son collègue (1), prisonnier depuis onze ans à la Bastille, M. Diodati, de Genève (2), et le fameux Gringalet, à Lille en Flandre, dans un carrosse escorté par le nommé Alexandre Chantepie, exempt du guet, un des plus insignes fripons de sa terrible profession, un autre exempt et quatre de leurs satrapes qui nous gardaient à vue comme de grands criminels. Quoique ce brave Chantepie ait eu l'insolence de prendre la qualité d'écuyer dans la lettre de cachet, j'ai appris depuis qu'il a été condamné à Paris à être pendu pour ses exactions et qu'il n'a évité la potence que par la fuite. A Lille, ils nous signifièrent à tous notre bannissement et nous laissèrent aller à la garde de Dieu, bien plus favorable que la leur et que je bénis du fond du cœur de m'avoir délivré des serres de nos cruels vautours.

(1) Jean Morel, dit le frère Fidèle, capucin, avait été incarcéré à la Bastille pour débauche et espionnage le 24 octobre 1704. Il en sortit en effet sur un ordre de Pontchartrain signé du 9 juin 1713.

(2) Jean-Louis Diodati, marchand de Genève. Entré à la Bastille le 10 décembre 1706 pour avoir tenu dans une auberge d'Amsterdam des propos contre le roi à propos de l'abolition de l'Edit de Nantes. Diadoti n'était accusé que sur l'unique témoignage de Lassus des Fontaines, capitaine des dragons arrêté, d'ailleurs, à propos de sa dénonciation. Diodati sortit de la Bastille sur un ordre de Pontchartrain signé le 9 juin 1713.

FIN

TABLE DES CHAPITRES

TABLE DES GRAVURES

Imprimerie F. Schmidt, 5-7, avenue Verdier, Grand-Montrouge (Seine).

www.ingramcontent.com/pod-product-compliance
Ingram Content Group UK Ltd.
Pitfield, Milton Keynes, MK11 3LW, UK
UKHW031846260826
14628UKWH00002B/608

9 782013 613583